spot

context is all

SPOT36
色爾瑪：逃離希特勒魔掌，卻成毛澤東囚徒
Selma: aan Hitler ontsnapt, gevangene van Mao

作　　者：卡羅琳．維瑟 Carolijn Visser
譯　　者：那瓜 Nakao Eki Pacidal
責任編輯：陳孝溥
封面設計：許慈力
內頁排版：宸遠彩藝
出　　版：英屬蓋曼群島商網路與書股份有限公司臺灣分公司
發　　行：大塊文化出版股份有限公司
105022 台北市松山區南京東路四段 25 號 11 樓
www.locuspublishing.com
locus@locuspublishing.com
讀者服務專線：0800-006-689
電話：02-87123898
傳真：02-87123897
郵政劃撥帳號：18955675
戶名：大塊文化出版股份有限公司
法律顧問：董安丹律師、顧慕堯律師

總 經 銷：大和書報圖書股份有限公司
新北市新莊區五工五路 2 號
電話：02-89902588
傳真：02-22901658

初版一刷：2023 年 12 月
定價：380 元
ISBN：978-626-7063-53-8

Nederlands letterenfonds dutch foundation for literature

The publisher gratefully acknowledges the support of the Dutch Foundation for Literature.
本書獲荷蘭文學基金會翻譯補助出版

色爾瑪：逃離希特勒魔掌，卻成毛澤東囚徒 / 卡羅琳．維瑟 (Carolijn Visser) 著；那瓜 (Nakao Eki Pacidal) 譯. -- 初版. -- 臺北市：英屬蓋曼群島商網路與書股份有限公司臺灣分公司出版：大塊文化出版股份有限公司發行, 2023.12
面；　公分. -- (Spot ; 36)
譯自：Selma : aan Hitler ontsnapt, gevangene van Mao.
ISBN 978-626-7063-53-8(平裝)

1. 佛斯 (Vos, Selma, 1921-1968)　2. 猶太民族　3. 傳記　4. 荷蘭

784.728　　112019405

色爾瑪

逃離希特勒魔掌，卻成毛澤東囚徒

Selma

Aan Hitler ontsnapt,
gevangene van Mao

CAROLIJN VISSER

卡羅琳・維瑟 著

NAKAO EKI PACIDA

那瓜 譯

目錄

Chapter

1

返京

1966

色爾瑪緊張看著登機梯下的人群。那些人穿藍著綠，擠在一扇柵門後。所有人目光集中在她身上——她纖瘦嬌小，還有一頭黑髮，但顯然是外國人。其實，為免招來注意，她刻意穿深色衣褲，一頭捲髮向後梳緊，用黑色髮帶固定，厚框眼鏡顯得很嚴肅。

她在眼前人群中發現她十七歲的兒子增義，大感欣慰。增義身著藍色棉布外衣，頭戴藍色鴨舌帽，衣著與人相同，但他太高太搶眼，即使隔著這麼遠，他那中西合璧的五官也格外引人注目。

她繼續以目光搜尋人群。她十六歲的女兒何麗有一頭棕色捲髮，圓杏般的眼睛，比她哥哥更搶眼，放在班級合照總能立刻認出，現在卻不見踪影。還有她丈夫昌呢？正是為了他，十六年前她才搬到中國。她以為今天全家都會來接她，因為五個月前她回荷蘭，全家都來送機。那天兩個孩子想看她搭乘的俄製圖波列夫飛機起飛，昌一開始並不贊成，因為當天下午他要開會，不想讓司機等他太久。不過最後他還是讓步了，畢竟何麗和增義會有好幾個月見不到母親。

這趟回去荷蘭，所見與她預想的完全不同。她對荷蘭的記憶還停留在戰後貧困歲月，那時一切都靠定量配給，住房也短缺，現在荷蘭卻富庶得驚人。她父親在北荷蘭省時尚新區桑普特坐擁一幢大房，她弟弟希爾自己有車，在郊區蓋了房子，正和未婚妻一起為新房添購家具。她甚至在電視上看到，一個長髮嬉皮竟然選上阿姆斯特丹市議員。她買了一些特倫卡聚脂纖維、德絨、特雷維拉製成的衣服，這些材料容易清洗也能迅速乾燥，但離開荷蘭前，她把一些留給父親，一些乾脆送人，都沒有帶走，因為她逐漸意識到，現在西方產品在中國已經不吃香了。

她停留阿姆斯特丹期間，荷蘭媒體報導北京發生革命。她原本計畫回荷蘭三個月，結果留了五個月。不過她告訴荷蘭的親朋好友，情況很快就會平靜下來，再者，昌在科學院擔任重要職務，是共黨高幹，不論情況如何，總能保護她和兩個孩子。

她目光掃過人群，但找不到昌。一名制服男子打開閘門，接機人群湧入，色爾瑪站在樓梯底端，周圍立刻圍滿了人。增義很快來到她身邊。

「旅途都好嗎?荷蘭家裡都好嗎?」增義問。他講中文口氣如常。

「你爸爸呢?」色爾瑪問。

眾人魚貫走向入境大廳。巨幅毛澤東肖像高掛混凝土柱間立面。色爾瑪和增義跟上眾人腳步。別人好奇地看著這對母子。另有一群搭同班圖波列夫抵達的俄羅斯人也被細細打量。

「爸爸不能離開研究所。」增義回答。

「何麗呢？」她立刻追問。

「她在家收拾。」

色爾瑪困惑了。什麼事這麼要緊，得女兒在家收拾？他們有褓母不是嗎？

「孫阿姨沒來嗎？」她關切地問。

「孫阿姨不會來了。」增義回答。

母子倆進入寬敞的大廳，在一張長椅坐下。遠處牆上掛著另一幅數米高的毛澤東肖像。旅客得在這裡等待面談。兩個身著綠色制服緊束腰帶的男子終於走近，站在色爾瑪兩邊。色爾瑪交出護照。她在一九五〇年代中期成為中國公民，現在叫做吳秀明，但大家都按夫姓喊她曹太太。

這官員翻閱她的護照，然後交給同事。

「你獲准出國三個月，可你離開五個月了。」他口吻十分權威。

「這可違法啊。」另一官員嚴厲附和。

身為高幹妻子，色爾瑪總是備受禮敬，不料現在竟被這樣敵意對待。

「我在荷蘭想要延簽。」她回答，「問題出在中國大使館。我找不到人說話。」

色爾瑪中文並不流利，增義接過話頭，但他幫腔解釋沒起什麼作用。

「你三個月就該回來了。」官員斥責色爾瑪，「這護照沒收了。你走吧。」

母子倆默默走向大廳出口，順利領到色爾瑪的手提行李箱。增義把行李搬上一輛出租車後座。車子穿過平野鄉村。兩線道馬路十分安靜，楊樹夾道，葉子漸黃。田地裡正曬著玉米。

那時是九月，暑熱已去，寒冬未至，若在往年，這是色爾瑪最喜歡的季節。她和增義簡短討論天空多雲，不知是否下雨，之後就靜靜坐著，看車過村莊，風景搖搖欲墜。他們得等獨處時候才能放心講話。

增義心想，不知媽媽在荷蘭是否聽說中國情況？她知不知道他和何麗已經幾個月沒上學？知不知道現在上學其實只是政治集會？家裡狀況她心裡有數嗎？他不懂這場動亂所為何來，讀遍到手的每份刊物還是不能明白。他想知道荷蘭報紙寫了什麼。媽媽能解釋一下這是怎麼回事嗎？

田地讓道給菜園。前面出現煙囪聳立的工廠和磚砌辦公樓房。東直門映入眼簾，道路通過城門，門和牆上俱都海報大張。增義看見色爾瑪瞟一眼標語：打倒一切牛鬼蛇神！無產階級文化大革命萬歲！不過他知道色爾瑪讀不懂中文，無法理解標語意義。

北京本有城牆拱衛，如今貼滿號召暴力復仇的大字報。人行道上有一群配戴紅臂章的年輕人，其中一人正用擴音器叫喊什麼。商店遮陽棚上塗寫「連根拔起修正主義」。* 增義夏天常去的北海公園出現在他們左手邊。

他們前面是一輛卡車，車廂裡坐滿男孩女孩，手持紅旗，吵吵鬧鬧前行。出租車拐進他們住的西直門大街。色爾瑪內心或許期望，回到他們所住社區，一切就會歸於平靜，但實情並非如此。這裡和其他地方一樣，牆上貼滿「革命無罪，造反有道」海報。他們往常光顧的商店現在掛起巨大紅旗。只有槐樹羽葉絲薄，依稀相識。

司機把車停在白石獅坐鎮的紅色大門前。這本是乾隆皇帝第十二子永瑆貝勒府邸，建於十九世紀初年，大清帝國滅亡後，昔日滿洲親貴生活迫促，末代府主於是出售祖宅，輾轉由國立北平研究購得。一九四九年後，中國科學院接管北平研究所，將這府邸劃為科學院第二宿舍，效力新中國的科學家們便以此為居所。這大宅對面是古老的西直門天主堂，曹家入住以來始終深鎖，現在一如既往，偉岸矗立街道彼端。

增義付錢給司機，卸下行李。

* 譯註：修正主義本指對馬克思主義的理論修正，中國文革期間被充作鬥爭語言而廣泛使用。

石獅坐鎮的舊日貝勒府。

曹家所住院落本是貝勒府後花園，院內有兩棟灰磚公寓，上下共分四戶，曹家在一樓第一戶。

「您好，回來了？」鄰居們向色爾瑪打招呼。彷彿一切驟然回復正常。

母子倆跨進院門，轉過影壁，進入有老井和病瘦棗樹的內院。

「小心腳步。」增義提醒，彷彿他母親離開數月就忘了鋪石地面不平。

他們經過鄰居家。有好奇面孔貼上窗戶，窺看回來的外國人。他們穿過一條又窄又黑的通道，進入一個較小的庭院。

增義拉行李箱走在母親身後。曾經充作菜園的小院後有兩棟灰磚公寓，每棟兩層，上下共四戶。色爾瑪住在一樓第一戶。母子倆上階來到門口，打開門。到家了。何麗含淚擁抱她。

「我盡量打掃了。」何麗啜泣說。

色爾瑪一言不發，環顧起居室。留聲機不見了，她珍愛的古典樂收藏不見了，書櫃空了一半，相簿也不知去向。眼前這住屋被入侵的景象，頓時將她帶回當年德國佔領下的荷蘭。當時他們家遭搜查，物品被沒收，她被迫躲藏。

何麗和增義靜靜看著母親。他們曾要求父親寫信，要她在荷蘭留到一切風平浪靜。但他拒絕了，也拒絕解釋原因。後來家裡收到色爾瑪的解僱通知。他們要求父親，至少讓她知道自己已被解僱，他們認為這樣應該能讓色爾瑪意識到事態嚴重，但父親也不同意。他們猜想，父親可能擔心這封信被截獲，讓他們陷入更大的麻煩。然而何麗和增義就是不想色爾瑪看到屋子被搜索破壞的樣子。

主臥室原本已被貼上封條，但昨天紅衛兵回來，又遍搜一次，現在房門門柱上還留有封條殘片。紅衛兵搬走雙人床，說這是科學院財產，為此增義和何麗把床搬進主臥室。現在何麗睡箱子，增義睡行軍床。

「我看出他們來過了。」色爾瑪頗感沮喪。然後她看到睡在沙發上的貓——穆蒙。她抱起貓，感覺鬆了一口氣，第一次露出笑容。

「至少他們沒對牠下手。」她對孩子們說。

Chapter

2

北京生活

1957

院牆內

何麗聽到牆外傳來熟悉聲音。

「鍋鍋！鍋碗！鍋大缸！」

是鍋瓷匠。何麗希望有人請他進院，她就能看他像外科醫生那般，精準修理瓷器。

她見過鍋瓷匠修補花瓶裂縫。他用一根極細的鑽頭在裂縫兩邊鑽出小孔，以一條弦驅動，像陀螺一樣，小心翼翼敲入銅塞，如此一來就不會再滲水。但今天沒人請他。他的聲音逐漸消失在院牆外頭。

何麗七歲，幾個月前剛上小學。她的中文名字取「何其美麗」之意，不過她母親叫她Greta。

她坐在她家門前，水泥樓梯上，一株羽葉槐樹為她遮蔭。台階上擺滿仙人掌盆栽，冬天來臨前，她母親會把仙人掌都收進屋內。

她想去看熊家新生兒，但又改變主意。她母親隨時可能到家，今天就能知道下週能不能去看十一遊行。她對此渴望已久。

她父親每年都應邀參加中華人民共和國建國慶典，每次都向孩子訴說慶典美好。他們只能在報紙照片上看到精心裝飾的卡車和參與遊行的學童。也許今年他們可以親睹遊行。

送冰的肩扛一塊大冰，從何麗身邊經過。冰收在麻布袋裡，他才不致凍傷。冰是去年冬天從護衛紫禁城的筒子河挖來，在深窖保存了好幾個月。冰匠每天都來送冰，裁好冰塊，恰正合適他們家的木製冰箱。褓母秀英在廚房看冰送來。這位年輕女子受僱她家多年，住在院子彼端一間小屋。這院裡約五十戶人家，幾乎都有褓母，不過秀英不只是褓母，已成曹家一份子，孩子們都很喜歡她。*

增義與何麗的回憶裡，院裡童年歲月美好。何麗說：「我們簡直生活在天堂。」父母給他們無盡的愛與關心，秀英心地善良，待他們很好。何麗回憶，父親經常很晚下班，也經常出差，「但只要他在家，我們向他要什麼都行。」沒有其他親人住在左近，但他們從

＊譯註：曹增義先生說明，「褓母」是一九五〇年代北京對家務幫手的統稱，工作不止於照顧小孩。到一九六〇年代後逐漸改稱「阿姨」。

不覺得有所缺憾。院裡鄰家孩子和他們一起長大，就像兄弟姐妹。這裡每戶人家都和他們一樣，父母中至少一人在科學院工作，也有許多和他們父親一樣，曾經出國留學。熊先生是留美化學博士，回國時帶著爵士唱片。唐先生是英國某大學生物學博士，專研蘭花，每天都喝下午茶，一杯伯爵配兩塊甜餅。

增義與何麗的記憶中，牆內大院是個和平安全的聚落。每天清早，大人匆忙趕往科學院，孩子們背著滿滿的書包去上學。那之後，大院就成了爺爺奶奶、幼童和雇工的地盤。褓母在內院搓洗衣服，一邊留神牆外。買賣人各有吆喝招來，有賣豆腐的，有收五金的，木匠肩挑兩個工具箱，剃頭匠搖波浪鼓來到。他一扁擔挑著凳子和燒水爐，院裡爺爺都愛讓他剃鬚修臉。賣珍珠寶貝的最受女人家歡迎，他滿盒子閃亮寶石，還有模型展示嵌工，接了訂單，幾天後就送來成品。

若是誰家需要哪樣買賣，只消大叫：「這兒！」不論誰家保姆在院裡，都會大聲重複，如此這般傳到門房，門房就帶那買賣人進來，再領他到喚人的那家。這門房就住在院門邊，負責遞消息、收郵件、記錄訪客名姓。每到夜深，人皆歸家，門房便關上大門，滑上門閂，滿院在黑暗中落入沉睡，直到破曉雞啼，又是嶄新的一天。

週六是工作天，孩子們都得上學，只有週日放假。假日增義和鄰居男孩玩彈珠，何麗

何麗與褓母秀英在門口石階合影，攝於一九五五或五六年。

女孩們在院中合照。左邊最高的是唐家阿妞（唐建平），右邊最小的是何麗。

和女孩玩跳繩。五〇年代曾有一位科學院副院長居住在此，科學院專為他開設後門，鋪設一條水泥車道，如今人去路空，孩子們管它叫「洋灰馬路」，何麗就在上面玩橡皮筋和跳房子。

有時女孩們會聚在一起玩。鄰居唐先生曾經拍下這樣的照片。他讓女孩站成一列，他女兒阿妞最高，站第一個，何麗最小，站在尾巴。前面的女孩穿著簡單的連身裙，是姊姊們的舊衣裳，何麗穿全新的裙子，黑色黃條紋的上衣是她母親特別搭配裙子做的。香港的朋友寄給色爾瑪西方流行雜誌，色爾瑪按雜誌描圖做樣，以勝家縫紉機做衣服，有的衣料來自香港，有的是荷蘭家人贈禮。何麗和增義都知道母親很特別，有親戚朋友在國外。

增義回憶：「我們的玩具是院子裡最好的。」他用外祖父大老遠從桑普特寄來的麥卡諾模型玩具做出起重機、火車和卡車。何麗很珍惜她的洋娃娃，其中有個最新潮，是塑膠做的，還能喝水、小便。她把洋娃娃放入一輛優雅的木製嬰兒車，推著四處走動。後來唐家阿妞回憶何麗的許多玩具，說她覺得迷你廚房最漂亮，有迷你炒鍋，放在燃燒的蠟燭上，真的可以烹調飯菜。

增義與何麗很小就知道，和院子裡其他家庭相比，他們家生活可謂奢華。他們母親是歐洲人，父親是整個大院裡職位最高的科學院官員，但正因如此，父母不准他們炫耀，總要求他們謙虛。他們必須自己鋪床，自己收拾，母親不讓秀英替他們料理這些。但增義與何麗知道，整個院裡就屬他們家最豪華，而且院裡只有他們這一戶能在自己家裡洗熱水澡。他們用管子纏繞廚房煤爐將水加熱，注入大桶，到了晚上，溫水就足夠一兩人洗浴。院中也只有他們家自有電話。外人要找院中其他住戶，電話只能打到門房，門房就得滿院四下尋找接電話的人。

院裡多數家庭都有收音機，但沒有他們家的那麼大又漂亮。他們家那台是在劍橋買的，也就是他們父母相識的地方。音響也是同時買的，不過最奢侈的產品是吸塵器。每年春天，大風吹來戈壁沙塵，屋裡犄角旮旯都難倖免，何麗的父親知道這會令他荷蘭妻子惱火，因此在一家外匯商店買下這個立式吸塵器。* 這機器噪音很大，不時故障，所幸科學院的技術人員總能讓他起死回生。

他們家電器眾多，因此家裡安裝電錶，院裡其他人家都是按照家中燈泡數量支付固定金額電費。其他人家的燈泡多半掛在裸露的電線上，他們則有母親的桌燈點亮空靈氣氛。

*譯註：曹增義先生說明，「外匯商店」全稱為「出國人員服務部」。

何麗很小就知道，這奢華生活也有陰暗的一面。她是中荷混血兒，她知道這被人看作一種瑕疵。她很喜歡一本荷蘭兒童讀物，講一個黑白混血的男孩，天生膚色就是格子狀，讓何麗心有戚戚。任何人都能一眼看出她與眾不同。待在院裡當然不是問題，院中鄰居早已習慣她和增義，但只要一走出大門，總會招來路人指指點點：「看看看，外國人！」所有目光都會立刻轉向她，男男女女毫不客氣，從頭到腳打量她，帶著孩子的母親還叫小孩看她：「你瞧那個。」他們大叫大笑，好像他們兄妹不懂中文，事實上他們中文非常流利，甚至能以口音分辨對方是城西城東哪頭人。

增義從來不受這些影響，何麗卻覺得很可怕。她不想被這種關注癱瘓，總不樂意冒險走出院門，只有天黑後才去找她同學黃舒誼。舒誼祖上也是滿洲親貴，就住在附近，那宅邸幾幢建築都有波浪起伏的屋瓦，坐擁兩進內院。一入紅漆大門，大理石台階通向深廣屋宇，一間間由精雕細琢木頭拱門隔開。據說這宅裡古董家具都有來歷。一座嵌珍珠母黑木櫥櫃靠牆而立，牆上掛著珍貴書畫，桌椅都是奇木異材。舒誼的祖父是醫生，診所就在附近，白天晚上都看診，何麗經過診所，總是小心翼翼，恐怕驚動了他。

每天早上，舒誼都來接她。

「早晨好，曹伯母。」舒誼總是很禮貌，向色爾瑪打招呼。

舒誼與何麗其他朋友不同，並沒有被色爾瑪的異國面孔嚇倒，也不奇怪驚訝這家人為何早餐吃黑麵包和乳酪。她們每天一起走路上學。有舒誼在，何麗才比較不在意路人眼光。

西直門大街

出了院門，何麗總覺得和父親一起最安心。誰都看得出他們是父女，她因此感覺自己比較像中國女孩。

她父親曹日昌比母親大十歲，現在四十多歲，戴著銀框圓眼鏡，顯得沉穩睿智。他衣著簡單，總是穿藍色或灰色棉質長褲，搭配相稱外衣，頭髮梳到腦後，兩鬢斑白，但臉上沒有皺紋，顯得很年輕。晚飯後他經常出門散步，增義與何麗很愛跟去。

從院門向西望去，厚重城牆凌駕一切，他們總是反其道而行。電車和卡車沿西直門大街行駛，對載滿蔬菜、建材或各樣貨品的馬車大按喇叭，警告他們讓路。這些拉車的馬尾巴下都繫著麻袋，用來接盛馬糞。他們母親說，不然「北京會更髒」。還有許多貨物靠三輪車載運，有硬煤、煤球、袋裝穀物等。人力車伕溫吞招客。騎自行車的是街頭翹楚，因為自行車很昂貴。

人行道寬廣，槐樹夾道，一家人漫步而行，會先路過一家茶館，裡面經常笑語喧嘩，是附近老人聚會場所，他們不曾光顧。有時茶館飄來說書人聲音，宏亮有力，講臣下大逆謀反或謀士智滅敵軍故事。說書總以歷代經典故事為題材，曹日昌熟稔於胸，也很喜歡這些故事。

曹日昌記憶力奇佳，且很懂機會教育，槐樹下不時引經據典，何麗總是洗耳恭聽，增義也聽，但他對科技更感興趣。每次他們在十字路口停步，增義總是奇怪：交通號誌由小崗樓裡的警察控制，為什麼警察都不會出錯？那是什麼電路機關？這可難倒他的心理學家父親，曹日昌對電路委實一無所知，於是買了一本書給增義作為補償。偏偏這本俄語翻譯過來的《十萬個為什麼》沒解釋紅綠燈！

色爾瑪不相信傳統中醫，但曹日昌信之甚篤，晚間散步經常去大街上的聖濟堂抓藥，調理高血壓。中藥鋪裡氣息甘苦交織，櫃手好像什麼重要人物，高踞櫃檯後方，身後是高大櫃子，有幾十個抽屜，裝滿氣味濃烈的藥草、礦石和種子，全都讓孩子們大感驚訝。每次光顧，櫃手拿捏抓藥，告訴曹日昌如何煎藥，如何服用，之後一家三人又回到街上，此刻街頭已較先前安靜了。

有時候，秀英說隔天早上需要醬油或香油，要他們晚間散步去副食店打來。* 店主用竹

* 譯註：副食店是販賣食品及少量雜貨的商店，約為台灣所稱的 kám-á-tiàm（柑仔店）。

製量杯從陶甕裡舀出他們要的東西，裝進他們帶來的瓶子。有時候他們母親想抽菸，他們也去副食店買。母親喜歡「大前門」牌的菸，那包裝上有城門和飄浮的黃色雲朵。副食店主總是用算盤結帳。

有時候增義與何麗上學需要一些物品，曹日昌就帶他們去文具店「西萬慶」。何麗記得那是附近最漂亮的商店。橫木棍上覆掛整匹宣紙。櫃檯上，筆筒裡有豬鬃毛筆，按大小整齊排列，從極細的小圭筆到手腕粗的大斗筆，應有盡有。曹日昌使用毛筆甚為流暢，但他們小孩尚未掌握書法藝術。他們總是對玻璃櫃上陳列的深色硯台很感興趣。石硯有大有小，飾以蓮花、竹葉或佛陀，只要水洗硯台就能除去墨水。曹日昌偶爾允許他們自己挑選鉛筆或記事本，結帳時被裹上灰色包裝紙，繫妥繩子，像個小寶物。

文具店之後是菜舖和肉舖，秀英每天會來兩次，採購新鮮食材，此刻已經打烊。旁邊的麵館也已打烊，白天這裡秤重賣手工麵條，好讓不吃米的北京人搭配菜餚。

西直門大街上什麼都能備齊，連棺材都買得著。他們一家散步總會經過棺材舖，但沒人無故涉足，恐怕沾染晦氣。

長街盡頭是新華書店，有時間他們就會進去看看。增義與何麗對古典詩詞集子印象深刻，這些書都是單面印刷，折疊線裝，讀者買去得拿小刀裁開每頁。傳統文學都放在架上，紅樓、西遊、三國、水滸四大名著是展示品。何麗最近才開始認字，增義上小學三年級，已經熟知書中許多人物，但內容還是太過難解。不過這不影響他們從架上拿書，研究封面的彩色圖片。增義對這些故事的了解，主要來自父親、秀英和學校，何麗也知道書中故事，因為她週日下午會和父親一起去看京劇，劇目通常衍生自古典名著。增義和色爾瑪對鑼鼓和小嗓敬謝不敏，何麗和曹日昌卻很喜歡，何麗特別喜歡武打行頭和公主、后妃的穿戴。

曹日昌經常把他們單獨留在這一區，他自己前往店後一個房間，那裡陳列限高級黨員閱讀購買的雜誌圖書，只對他這樣持有特殊通行證的顧客開放。

增義與何麗始終記得某次散步的經歷。那天是週日，色爾瑪因偏頭痛無法入睡。她經常偏頭痛，忍受不了光線和噪音，只有貓咪穆蒙似乎能感受她的痛苦，可以陪伴她。那天他們隨父親散步，出了院門一反往常，轉向右手邊，西直門和城牆看似很近，其實還要走很遠的路才到得了。

曹日昌告訴他們，北京城牆是四百多年前明代留下的防禦工事，現在夜間還會關閉城門。他們走到西直門下，通過進深三間的巨大城門。何麗還小，得抬腿才能跨過木頭門檻。他們出了城門，差點撞上一對駱駝——說是身在北京，其實還是鄉下。

曹日昌說，過去還能見到長長的駱駝商隊運貨進京，有時遠道蒙古而來，但駱駝會在街上排便，現在已不准入城。如今這些寒磣牲畜從北方一個礦場往北京運煤，但最後一段路程改用卡車進城。

親子三人站在北京邊緣，凝視前方一個泥屋之村。一條小徑蜿蜒於菜圃，農民身著破舊棉衣，肩扛著鋤頭和草耙。那是另一個世界的起點。

曹日昌告訴他們，他出生在北京以南幾百公里某座村莊，就像眼前這村子。他從不帶家人回村，但偶爾會有親戚來訪，就住在他們家。增義與何麗覺得這些人不啻異星人，說的話一個字也聽不懂。這些親戚被太陽曬得黎黑，身穿土布夾克和褲子，還穿自家做的鞋，顯然和他們家生活極不相同。

這些親戚住的村子裡，屋子都是泥土地，客廳只有一張餐桌、幾把凳子，來到他們家，對一切都感興趣。他們試坐沙發，研究沖水馬桶，還掀開地毯一角，研究編織紋理。這些親戚來訪，通常都是找曹日昌請託人情或現金，不過細節從不透露給孩子知道。白天大家都上班上學的時候，來訪親戚就坐在院門口凳子上，與門房同看人來人往，或者和秀英閒話，因為秀英是他們同鄉，聽得懂這濃重口音。親戚離開之前，曹日昌總會送他們一小袋昂貴茶葉。他知道這些親戚一回到家，必然有很多村民要來聽他們說進京故事。

至於他們的荷蘭親戚，孩子們只能透過照片來認識。何麗床頭掛著幾張全家福：三個荷蘭舅舅，其中一個和她哥哥增義同年。照片裡，他們在大房子的花園裡堆雪人，或者自豪地坐在海灘沙堡旁。何麗認為住得離水很近也有危險，畢竟荷蘭經常洪水氾濫。她在母親一本荷蘭雜誌上看到房屋泡在深水的照片。所有照片裡，姥爺麥克斯都戴著深色墨鏡，姥姥柯莉很胖。不過柯莉不是色爾瑪生母。色爾瑪的母親是赫麗葉（Grietje Klatser），也是何麗荷蘭名字 Greta 的來源。色爾瑪向他們解釋，戰時被納粹殺害的赫麗葉姥姥是猶太人，既然姥姥是猶太人，孩子們當然也是猶太人了。何麗喜歡這說法，讓她感覺有所歸屬。她床頭也掛著赫麗葉姥姥的畫像。

那天，何麗一直坐在院門前台階上，等她母親帶消息回來。增義已經到家，進去裡面了。大家都叫他增義，只有色爾瑪叫他 Dop，意思是「蓋子」，指他鼻子扁平，每次她這麼叫，增義都很生氣。按照

荷蘭建造一個兩米高的磚牆迷陣，以此紀念二戰大屠殺期間死去的荷蘭猶太人。每一塊磚頭代表一名受害者，記載受害者的名字、出生年月日和遇害年紀。整個紀念碑共有十萬兩千兩百二十塊磚頭，也就是超過十萬條人命，色爾瑪的母親赫麗葉是其中之一，遇害時四十七歲。

中國習慣，何麗應該叫他「哥哥」，但色爾瑪覺得沒必要，總是說：「這孩子有名字啊。」

何麗希望今年能獲准近距離觀看遊行。這是慶祝中華人民共和國建國的盛會，也是一年裡最大的活動。她滿懷希望等著。媽媽應該很快就會到家了吧？她看到色爾瑪了，兩手拎著購物袋，走得很快，高興的說：「辦妥了！」

十一 遊行

心理所的司機一早就來了，禮貌地通知說，車子就在院門外等著。這是來接曹日昌的。他和科學院同僚是新中國的科學門面，每年十一慶典都獲邀觀禮，看台上有保留給他們的位置。看台其他位置保留給黨的領導人和各省軍事人員。今年有數百名外國人士獲邀觀禮，但只有少數人能上看台。

曹日昌上車走了。他離開後不久，色爾瑪也趕忙帶增義和何麗出門，加入西直門大街等公車的長龍隊伍。公車來了，母子三人設法擠上車，但公車只開了十分鐘，就因為道路封鎖無法再前進。色爾瑪帶著孩子步行最後一段路，在路障前被一名警察攔住，要她出示證件。色爾瑪照辦了，但難掩臉上慍色。

何麗希望色爾瑪不要發脾氣。畢竟北京有許多城門，到處都有柵欄，戒備森嚴，沒有適當證件，誰也過不了這些關卡。那警察看過色爾瑪的證件，又和上級商量，最後讓他們進入少人踏足的禁區。

但他們在下一個檢查站遇上同樣的盤查，色爾瑪不得不重來一次。何麗知道色爾瑪討厭被穿制服的男人橫加打擾，可能會生氣，甚至可能為之氣沮，最後乾脆掉頭回家。

他們來到東長安街上重要外賓下榻處「北京飯店」，在飯店後方遇上第三次盤查。母子三人獲准進入，通過一道金屬柵欄，沿寬闊樓梯走向飯店前門，走進紅柱支撐，極其寬敞的大理石大廳。他們第四次被要求出示證件，然後被一名穿制服的年輕人領去搭電梯。

色爾瑪在樓上找到正確房間，敲了門。一個灰髮濃密的小個子男人前來應門。此人是來自荷蘭奈梅亨（Nijmegen）的伊文思（Joris Ivens），日後將因拍攝長達七小時關於新中國的紀錄片而名聞世界。色爾瑪告訴孩子們，伊文思是中華人民共和國的重要朋友，早先她在北京外貿學院當語言教師就多次見過他。

伊文思在一九三〇年代初到中國，結識在山區躲避日軍和國民黨人的共軍。他想去陝西了解共產黨，後來意識到無法成行，就送給共產黨人一台攝影機，紅軍最早的影片就是用這台機器拍攝，後來革命博物館還展出這攝影機的精確複製模型。伊文思在新中國很受歡迎，常受周恩來邀請，待遇一流，通常也是十一慶典的貴賓。

在此之前，增義和何麗沒見過這樣頭髮四翹的人。他們和伊文思握手，以荷語禮貌歡迎他來到北京。伊文思打開抽屜，拿出一樣東西給何麗。那是個削鉛筆刀，頂端有個透明球體一分為二，有金屬球在裡面滾來滾去。她著迷看著那寶石般的東西。後來她發現，這玩具的目的是要設法將金屬球滾入球體底部的凹槽，但她始終無法把所有金屬球都安頓進去。

伊文思也要去看台上的貴賓席觀賞遊行。他離開後，色爾瑪和孩子們可以留在這房間，從陽台上觀看遊行隊伍。色爾瑪開門走上陽台，增義與何麗緊跟上去，但東長安街上並無動靜，他們還得等。何麗回到房內，研究那削鉛筆刀上的球體，色爾瑪坐在扶手椅裡，翻開伊文思給她的荷文書。增義守在陽台，留意情況。

不久後他叫喊：「我聽到鼓聲了。」遠處走來持機關槍的軍人，但他們步調並不一致，讓他頗感失望。

「他們到天安門廣場會好得多。」色爾瑪說，「你爸爸和伊文思先生在那裡看。」

卡車緊隨其後，載著許多軍人。然後坦克開過。增義在學校聽老師說，在蘇聯老大哥的幫助下，現在這些坦克都是中國自製的了。

空軍轟炸機由東向西飛過長安街，到復興門外繞城半圈，又再度飛越長安街，巨響震耳欲聾。

色爾瑪討厭誇大的軍事表演，跑進房內，直到身著白衫打著紅旗的少先隊經過，她才回到陽台。但少先隊也完全不整齊。倒是增義滿意地指出：「他們走得不好，但我們比廣場上的人早看到。」色爾瑪笑了：「這倒是真的。我們有獨家。」

接下來是一群年輕人，每人手裡一隻白鴿，稍後會在天安門廣場放飛。他們後面是一輛巨大卡車，搭載一個奇怪的結構物，好像多層結婚蛋糕，男孩女孩站在上面，擺出不自然的運動姿勢。色爾瑪和孩子看到都歡呼起來，何麗還想像自己置身其中的感覺。站在最上面的女孩舉著一面紅旗，何麗心想，他們到天安門廣場後，這面紅旗一定會升得更高。

之後是穿紅色運動服的男男女女，騎著有側箱的摩托車，載著帆船和獨木舟，後面跟著身著泳裝的年輕人。

「他們一定很冷。」色爾瑪對孩子們說。

一輛花車緩緩駛過，載著妝容完整，全身行頭的京劇演員，是何麗喜歡的場面。遊行最後是數不清的年輕人，個個揮舞紅旗，那時天安門廣場上正放飛數百隻白鴿。

就在觀看這花哨遊行的過程裡，何麗成功地把所有金屬球都困入凹槽。她給她哥哥看，然後說：「我餓了。」

「走吧，我們回家了。」色爾瑪說。

秋日家書

客廳裡，增義與何麗坐在嵌珍珠母紫檀木餐桌旁寫作業。他們的父親曹日昌坐在旁邊的扶手椅讀心理學雜誌。他們母親色爾瑪坐在父親對面的沙發上，膝上放著打字機，用兩根手指迅速打字。他們看見「親愛的爸爸和柯莉」出現在打字紙頂端。貓咪穆蒙依偎著她，並不在意打字機噪音。

色爾瑪空閒時常去逛動物園，搭公車只要幾站，很方便，或者去頤和園，沿寬大的昆明湖散步。全北京唯有此處能讓色爾瑪舒展雙腿，何麗卻很討厭那裡，因為她總是被人盯著看。不過這個週日又濕又冷，他們家一早就決定，今天在家待著不出門了。

荷蘭左翼週刊《綠色阿姆斯特丹人》（*De Groene Amsterdamer*）最近寄到了，色爾瑪仔細閱讀每篇文章，讀煩了就看別的書。孩子們知道母親閱讀時極為專注，就算問她要二十次糖果也沒問題。平時她管得很嚴，但讀書時孩子們來要糖果，她的回答總是「好啊」。

色爾瑪已經讀遍北京各圖書館的所有外國出版品，也讀完她外國朋友的所有外文書，現在她只能向新結識的朋友借書，不管什麼，總是到手就讀。她仰慕古羅馬哲學家西塞羅，但也很高興能拎兩大袋法語偵探小說回家。現在她用一根手指捲起一綹頭髮，另一手撫摸穆蓉。她讀完一本書了。

色爾瑪盡力把家佈置得溫馨怡人，以五顏六色的地毯和自製窗簾營造舒適氛圍，牆壁掛上荷蘭風車日曆，讓人以為身在荷蘭。

初到北京時，她買了一架鋼琴，夏天擺在客廳，擠在餐桌和牆壁之間，秋天屋裡多了煤爐，鋼琴就搬進主臥室。沒有鋼琴她簡直活不了。那個週日早上，她也彈了一段巴哈。

現在孩子們大了，色爾瑪和曹日昌會定期帶他們去週日午後場的古典音樂會。演奏者主要是曾在蘇聯學習音樂的俄羅斯或中國音樂家，還有來自荷屬印尼知名的林氏兄弟。這個音樂家族出過小提琴家和指揮家，成員都上過阿姆斯特丹音樂學院，每次演出，他們祖母總是坐在前排注視他們。何麗和增義很喜歡這些活動，聽音樂總是屏息凝神。

除了音樂，色爾瑪也想讓孩子擁有她少時的文化體驗。她自己的父母是猶太人，但聖誕節時家裡總有聖誕樹，現在她也按時節在家裡準備聖誕樹。中國人不給小孩過生日，但每到孩子生日，他們家總是熱烈慶祝。中國商店不賣烤箱，她就找人做了一個金屬烤箱，放在灶上充當烤爐，料理歐洲菜色。十月四日是增義生日，她烤了一個蘋果派，何麗說，她生日的時候想要蔬菜鹹派。

週日秀英休假，色爾瑪自己下廚，烹調孩子們喜歡的異國料理——火腿起司通心粉、烤肉和馬鈴薯配肉丸。她會花好幾個小時焙製獨特甜點，最受孩子歡迎的是她母親的猶太甜點烤梨派（perenkugel）。增義覺得這比蘋果派好吃，但做這甜點要用到燉梨，在北京很難找。每次她烤梨派，焦糖梨、肉桂和葡萄乾的氣息就在屋裡飄蕩，令人聞之垂涎。

曹日昌把收音機轉到古典音樂電台，全家安靜聆賞小提琴演奏，只有孩子漢字不會寫，要父親幫忙，才會打破沉默。孩子們寫完學校作業，色爾瑪又給他們額外功課，學拉丁字

色爾瑪將家裡收拾得整齊漂亮，圖為曹家客廳，攝於一九五五年聖誕節期間，中間是色爾瑪與小何麗，兩旁是色爾瑪的中國同事，眾人背後是精心準備的聖誕樹。

母和荷蘭文，這樣他們以後才能和外祖父母說話。曹日昌的儒家教育和色爾瑪的猶太教育恰能相輔相成。

色爾瑪吸一口煙，摸摸穆蒙的頭，又開始敲擊打字機鍵盤。她父親光是讀信，可能會以為她生活在什麼度假勝地，雖稱不上事事順心，她總能應付自如。

昨晚我們聽說將有霜凍，所以夜裡十一點三十分，我就把盆栽收進屋子。水暖工抽不出空來裝暖爐，我們冷得發抖。其實我不大敢裝。去年我沒把煙筒擰好，就漏氣了。總之我們穿暖些就是了。

色爾瑪經常在信裡附上照片。這次附上最近在照相館拍的全家福。

你覺得怎樣？我認為不錯。孩子們聽說這是特別為姥爺和柯莉姥姥拍的照片，覺得是很嚴肅的任務，所以看起來心事重重，甚至還叫我莊重點。你那是什麼姿勢？你怎麼笑得那麼開心？因此照片裡我才會皺著眉頭。這顏色也不大正確。昌穿的是灰色套頭衫，我的夾克和裙子是紅綠相間蘇格蘭格子呢，何麗的衣服是紅色和灰色……，但是，啊，你得看看她的運動獎牌！

其他信件裡，她描述全家去長城或京郊山丘，看春樹花開，或秋日金紅。她出於費用考量，通常不是馬上洗出照片，等洗好照片要寄出，往往已是季節更替。但總之這些照片證明她在中國過著美好的生活。

她不想讓父親擔心她。他馬上就滿六十五歲，可以開始領取養老金，安享晚年了，但他也還有很多問題要處理。戰後他和來自北布拉邦省（Noord-Brabant），比他年少得多的柯莉結婚。她本來有一個兒子希爾，後來他們又生了兩個男孩，羅伯和小麥克斯。

色爾瑪的父母，攝於一九三〇年代初期。

至於她的母親，早在一九四三年五月二十二日被納粹抓走，一週後便死於索比堡的毒氣室。色爾瑪和父親設法躲藏，一度躲到恩荷芬（Eindhoven），當時一同藏匿的還有柯莉，以及她加入抵抗軍的丈夫范德蘭（Jan van der Laan）。一九四四年，范德蘭加入荷蘭軍隊，與英國人和加拿大人並肩作戰，同年十二月十八日死於德軍之手。

色爾瑪從不在信裡提及當年恐怖，也不和孩子們談這些。那可怕歲月對她影響太深，一點意外聲響也會讓她難受。有時孩子們敲門聲太大，或者在院裡玩耍腳步聲太重，她會突然生很大的氣，甚至可能動手責打。她規定孩子們不准在屋內玩耍，也不能在屋外喧嘩，增義和何麗索性到院子彼端的「水泥路」去玩。

戰爭過往是禁忌，色爾瑪絕口不提，關於她當前生活，家書裡也頗多省略。有一次她託朋友將信帶到中國境外寄出，那封信裡她就告訴父親：「信檢機構會再三檢查我的信。」此外，她在北京外貿學院教英語、法語和德語，學生都是接受培訓的外交人員，日後在駐外使館或外交部高層工作，與他們有關的一切在政治上都很敏感，她不能談論。曹日昌也是，他是共產黨員，許多工作內容只有他上級知道。色爾瑪在荷蘭的家人光是讀信，恐怕以為她的生活只有她和孩子、秀英以及貓咪穆蒙。

＊＊＊

色爾瑪中學時成績極佳，父親原本希望她學醫，但她的鋼琴老師發現她很有天分，建議她進音樂學院。然而一切未來計畫都隨德國入侵而擱置，等到戰爭結束，二十四歲的色爾瑪決定研讀英文。這門專業所需時間較少，但並非退而求其次。色爾瑪向來熱愛語文，中學時法文、德文、英文課程都拿到八或九分（滿分十分），戰爭期間她更自修拉丁文、希臘文和世界語。她曾在阿姆斯特丹大學就讀，一九四六年在父親鼓勵下轉到英國劍橋。

色爾瑪的父親佛斯先生（Max Vos）於一八九四年出生於阿姆斯特丹，小學畢業後跟隨父親腳步，從事鑽石切割工作。但這工作不適合他。他對數字很有一套，於是利用晚間學習簿記。他於一九一九年十月一日和赫麗葉結婚。他們小時候都住在阿姆斯特丹狹窄的猶太街區，赫麗葉有十個兄弟姊妹，家裡貧窮，父親也是鑽石切工。後來這個區域重建，兩家又都搬到阿姆斯特丹東區。

佛斯從小接受正統猶太教養，但很年輕就成為社會主義者，二十歲加入工黨，此後直到過世，一直是工黨支持者。巧的是，他的岳父也是社會主義者。

結婚兩年後，佛斯接下鹿特丹日報《前進》（*Voorwaarts*）財務部門主管一職，帶著赫麗葉和剛出生的色爾瑪搬去鹿特丹，成功挽救這瀕臨破產的社會主義報紙。一九二九年，《前進》和另一份社會主義報紙《人民報》（*Het Volk*）合併，在阿姆斯特丹中央車站附近建立新總部，佛斯又舉家離開鹿特丹，回到北荷蘭省，但沒有搬回阿姆斯特丹。為了享受濱海綠意和新鮮空氣，他選擇安頓在艾莫登（IJmuiden）港，寧可每天搭火車上下班。

* * *

從信的內容看來，色爾瑪的世界似乎很小，所談多半是兩個小孩。她多次在信中寫道：「爸，增義很像你。他有佛斯家的手腳。他全神貫注的時候，鼻子上會滲出汗滴，跟你一樣。」她也說何麗和外祖母很像，「尤其衣著舉止。她和媽媽一樣，總在鏡子前打扮，梳頭髮一下這樣一下那樣。」

她信中常提到孩子長得快，增義一定會和外祖父一樣高。她說兩個孩子都是班上表現最好的，但信裡從未提到她對中國教育的憂慮。學校裡一班有五十人，所有學生上課都得背著雙手，正襟危坐，聽老師講述中國敵人（美國、韓國、日本）的劣跡。何麗才七歲的時候，班上看一部戰爭片，裡面有日本兵酷虐殘殺中國平民的場面，何麗因此哭著回家，久久不能平復。

色爾瑪覺得這太過分，堅持向學校要求，不能再強迫何麗看這樣的電影。曹日昌並不同意，但還是照辦了。那次之後，色爾瑪鼓勵何麗學體操，找個愉快方式紓解課業壓力，巧的是體操老師和何麗一樣，也是混血兒。義大利混血兒老師和荷蘭混血兒何麗初次見面就很投緣，而且老師和何麗一樣，也姓曹。

基於種種原因，色爾瑪寫信總得字斟句酌，這過程裡她會把打字機抱在膝頭，安靜坐著思索。好在貓咪穆蒙是個中立話題，每次信中她總會提到這家中寵兒：「牠真是聰明的貓咪。我們臥室門上有門環，穆蒙想上床睡覺的話，就會跳上鋼琴，用爪子叩門環。」她還寫到冬天會在爐火前放個盒子穆蒙就會躺到盒子上。牠若想進盒子就會喵喵叫，就得有人來為牠掀開盒蓋。至於炎熱的夏天，穆蒙喜歡拉長身體趴在沙發上，「現在我們都叫牠一米長的貓」。

色爾瑪信裡鮮少提及院中其他住戶，箇中實情也關係她的外國人身分。當時與外國人任何接觸都必須向組織匯報，因此她不像孩子們那樣可以自由造訪鄰居。也是出於這個原因，她回家時鄰居都會友好招呼，但不會有人來串門喝茶。

＊＊＊

雖說荷蘭早在一九五〇年就和台灣的中華民國斷交，但一九五四年並未與中國建立大使級別的外交關係，派駐北京的是一位代辦。色爾瑪在代辦處設立後不久，就與這位代辦見過面，並與代辦夫人及另一名代辦處翻譯交上朋友。但她很快起了警覺，認為這些人似乎是間諜。她和丈夫討論此事，曹日昌於是向上級匯報，今日還能在科學院檔案文件中讀到這一筆。為了少惹麻煩，色爾瑪乾脆與這些荷蘭人斷絕往來，曹日昌連這一點也向上級報告，並說色爾瑪不會再接受代辦處邀請，出席慶祝荷蘭王后節的活動。自那時起，荷蘭官方一直對色爾瑪緊閉大門。

這麼看來，褓母秀英成為她生活中的重要人物，也就不足為奇了。秀英消解她的寂寞，是她與陌生國度之間的橋樑，更協助她將家裡維持得纖塵不染。秀英每天都搬動家具櫥櫃，用吸塵器清理每個角落。每年春天，色爾瑪會自豪地寫信給父親，說她完成收拾冬衣和床鋪的艱鉅工作。收起冬季衣物之前，她仔細檢查每樣東西，確保沒有蛾子。她經常向孩子強調荷蘭人多麼注重整潔，甚至每週一次用水和肥皂擦洗家門前的小路。北京街道之污穢，當地人隨地吐痰，都令她十分震驚。因此無論冬夏，她總是戴著乾淨的白手套出門，即便戴著手套也盡量避免碰觸公車上任何東西。她認為到處都潛伏著細菌和病毒。日後何麗說：「我母親有點潔癖。」

色爾瑪給父親信中寫道，西方人搬到東方，應該入境隨俗，但她就是做不到。或許正是出於這種孤立感，她才如此熱愛乾淨整潔的「荷式」房子。至於兩個孩子，她說「何麗比增義更像中國人。她比較能融入，性格比較隨和。增義比較有批判性，誰也敷衍不了他。他十足就是佛斯家人。」

燈光亮起，柔和黃光圍繞色爾瑪。她還坐在客廳，打字機還在她腿上。

那個週日下午，無人注意的時候，增義有了重要發現。那時他才九歲，但已經認得很多漢字。他越過父親肩膀，看到父親讀的報紙上反覆出現「右派」一詞。他不懂什麼是右派，當然也不知道當時中國正上演一場政治清洗。

一九五六年夏天，毛澤東邀請知識分子及學生對共產黨提出批評，號召「百花齊放，百家爭鳴」，結果批評聲浪此起彼伏，卻被毛澤東視為顛覆分子對黨的攻擊。隔年展開的「反右」運動將支持「雙百方針」的人打為右派，五十萬男女遭監禁或下放，有些人甚至一監禁就是二十年。曹日昌工作的心理學研究所也有一名博士生和一名祕書遭指控。那時每家企業，每個機構，甚至政府部門，都得舉報百分之五的人員，遭指控者不得辯駁，就此失去工作、房產和北京戶口，下放到農村。這些人被打上「右派」烙印，家人同受牽連。

「右派，」增義指著報上那看不懂的詞彙，「這什麼意思？」

曹日昌向來獎勵好問，認為這是建構中文能力的基石，但現在他沉默了。增義又問了一次，曹日昌不以為然看他一眼，回答：「你不用操心那個。」

這反應讓增義吃驚，但他不敢再問。顯然這兩個字代表父親不希望他涉足的世界——與中國共產黨有關的政治世界。他突然意識到，即便父子之間也有不能談論的秘密。日後他回憶當時，形容那種感覺「就像孩子發現他父親是黑手黨。」

色爾瑪在信末幾行寫道：「希望儘快收到你的來信！如果我下一封信遲到，請代我向小麥克斯轉達生日快樂。親吻送給你們所有人。你們的色爾瑪。」

Chapter

3

荒年

1959-61

京饑無菜

一九六〇年伊始，色爾瑪給父親的信裡寫到「我們已經很長時間買不到肉蛋魚了」。這句話似乎被孩子與貓咪的日常話題淹沒，沒有引起注意。後來她在三月二十日信中寫道：「北京已經一週沒有蔬菜。」往年秋季大白菜盛產時節，農民都從城郊一車車運菜進京，無菜因此顯得很不尋常。

她寫下一封信時已是春天，信中提到「今年一滴雨都沒有」，所有人都被召去灌溉田地，工人、教師、辦公人員、學生，甚至小學學童也不能免。增義和何麗也跟著學校下鄉，但似乎沒幫上什麼忙。冬天來臨時，色爾瑪信中提到「現在只剩穀物」，甚至連穀物都靠配給。她說「前年收成不好，北京現在很吃苦頭，困難重重」，但官方紀錄又是另一回事。官方認定饑荒已成過去，現在不存在饑荒問題，甚至嚴禁使用這詞彙。但色爾瑪信中提到「食品供應問題」和「缺乏交通工具」，可見情況大為不妙。

色爾瑪信中堅持父親不必擔心她，因為她可以去特殊的商店購物。以前她不喜歡這種特權，現在正好利用。她信中說「全家都靠我，所有東西都得我去張羅，肥皂、牛油、牙膏、橘子，就更不用說我們每天都要吃的麵包」。一九六一年春天，色爾瑪在院子裡養雞，每天忙著照料，還寫信問父親：「雞還沒成年的時候，怎麼判斷公母？每隻雞都有雞冠，而且公雞要到四個月大才會啼叫。你能寄一本雞的手冊給我嗎？」此外她也在院子裡種菜。

官方否認的饑荒持續了一年，每個人都短少精力，工作時間也縮短了。黨提倡乒乓球，好轉移大家注意力，果然乒乓球風行一時。色爾瑪信中寫道：「不論去哪裡，頭都可能被飛來乒乓球擊中。有一次我和孩子們去新體育館看冠軍賽。體育館美輪美奐，可以容納一萬五千人，依舊一票難求。孩子們幾乎每天下午都去鄰居家看電視轉播乒乓球比賽。」

＊＊＊

增義和何麗不記得挨過餓，也不記得別人家孩子都吃些什麼。有一次何麗去找同學，看到那女孩吃一種骯髒的粥當午餐。她把這件事告訴母親，色爾瑪提醒她：「現在知道你有多幸運了。」但初夏時色爾瑪拍的照片裡，兩個孩子穿著泳裝，都瘦得令人吃驚。

色爾瑪整年都在規劃度假，她和孩子都需要離開這眾人默默挨餓的城市。當時她任教的新華社在濱海度假勝地北戴河有一幢度假別墅，當時稱為「休養所」，數千名報社員工人人都夢想去那裡度假。外國人通常享有特權，但色爾瑪是以配偶身分來到中國，並非受聘專家，相對而言她的特權也比較少。不過，也許她工作上結交了有力人士，又或許她提出了什麼有力論述，總之她獲選去北戴河休養所消磨兩週，兩個小孩可以同行，她只需支付餐費，而且前往北戴河的火車旅程中還提供特殊口糧。

就這樣，他們要去海邊了！

向海火車

一九六一年夏天。月台上空蒸氣與煙霧瀰漫。火車頭嘶嘶作響噴出濃煙，火車緩緩駛出車站。何麗和增義探出窗外，看車站逐漸消失於視野。鐵道與高聳城牆平行，直至遠方。火車搖晃穿過赭土色的鄉野。

何麗現在十一歲，增義快十三歲了，對這次旅行都非常興奮，幾乎坐不住。色爾瑪直到昨天才獲准帶孩子同行，火車票更是在動身前夕才送到，總算讓她大鬆一口氣。

後來她寫信給荷蘭的家人，說他們啟程倉促：

何麗非常興奮的收拾行李，一下喊著，泳衣不合身了，「媽媽，能不能把泳衣改大一點？」（我用兩件小的做了一件大的）一下喊著「鏟子和水桶呢？」「相機裡有底片嗎？」「能不能帶穆蒙去？」我只得告訴他們，穆蒙絕對不能去。

孩子們有自己的包廂。不久後他們也跟色爾瑪一樣在舖上安頓下來。睡舖舖著淡藍色棉被，剛洗過，很乾淨，色爾瑪很滿意。孩子們喜歡包廂的一切：舖位之間有小桌子，桌布襯以蕾絲，上面放一瓶粉紅色的花，花瓶旁放著白色馬克瓷杯，杯身繪有奇異山脈和櫻花，車窗前掛著蕾絲裝飾的藍色窗簾。

兩個孩子也好，他們的同學也好，甚至他們的老師，都沒見過大海，因此他們一家都同意，孩子們別把度假的事說出去，否則徒然招嫉，引人議論。畢竟只有菁英階層才能去北戴河度假。

一名身著灰色制服的女服務員推門進來，送上新的熱水瓶和幾袋茶。她說，如果他們還需要水，說就是了。午餐將在火車過了天津後供應。

每個平交道上，火車汽笛聲劃破空氣，迴盪於平坦乾燥的大地。太陽炙烤田間玉米和穀物。四野村落散佈，土屋俱都院牆朝南。鐵道附近，田野中央，遠方地平線上，到處都有墳墓，巨大龜丘一般，突出於地表。

這列火車開往遙遠的北方，最後兩個豪華車廂是專為黨的領導人和前往北戴河度假的外國人準備的。他們下車之後，這兩個車廂也就脫鉤了。

曹日昌和中國科學院的同事比色爾瑪提前一天抵達北戴河，但不是來度假。曹日昌待在科學院的一家旅館，根本不知道家人正在前往北戴河的路上。色爾瑪的旅行獲得批准時，他人已經在北戴河。

火車開進一座紅磚砌成的車站——天津到了。色爾瑪告訴孩子們，十一年前，他們一家人乘坐「美上美」號郵輪來到中國，就是在這座港口靠岸。當時何麗尚在襁褓，才六個月大，增義還不滿兩歲。那時也是七月盛夏。科學院來人迎接，帶他們去漂亮的旅館，請他們去高級餐廳用餐，顯然遵從上級清楚指示鄭重招待。

色爾瑪在劍橋遇見曹日昌時，他已經加入共產黨。他在一九四五年十月抵達國王學院，立刻投入博士研究，空閒時活躍於中國學生會。學生會成員關切家鄉政局，有時徹夜討論——日本戰敗了，但之後將會如何？有些學生依舊支持掌權的國民黨，但包括曹日昌在內的其他人受夠了國民黨腐敗無能，寄改革希望於四處遊擊的紅軍。

曹日昌在一次聚會中結識比他年長三歲的陳天聲，此人綽號欽克（Samuel Chinque），故意以中國人的貶稱（Chink）為名，可謂意有所指。陳天聲出生於英國殖民地牙買加，十八歲開始隨船討海。他是中國海員工會一員，為同工同酬、更好待遇而奮鬥。後來他定居英國，加入英國共產黨，日後共有十一個小孩，最年長的和最年輕的相差六十歲。七十多歲時，他在倫敦一個地鐵站內遭一光頭男子襲擊，據說他精準幾拳便打退對方。

一九四七年，欽克在倫敦設立新華社的辦公室，是新華社第一個海外辦公室。後來的研究指出，欽克實為地下中國共產黨喉舌。欽克能說中文，人脈廣闊，因此成為新中國的代言人。中國方面的檔案記載，曹日昌被欽克招募入黨，還有一名劉先生也在此中發揮作用，不過此人似乎總是居於幕後。中共送劉某前往英格蘭，要在當地建立黨的秘密支部。

何麗說，這一切發生後不久，曹日昌在一場古典音樂會上邂逅色爾瑪，增義則說，他們是在網球賽上認識。不論是什麼場合，總之他們一見鐘情，朋友們都說，他們是天造地設的一對。那年九月，他們一同前往蘇格蘭，曾在一座紀念碑和一道鐵柵欄邊留影。色爾瑪深情挽著曹日昌手臂，兩人緊緊依偎，笑得很開心。對色爾瑪來說，他年長十歲，而且是中國人，但這些似乎都不重要。在當時，年輕女性出國留學極不尋常，她已經藉此證明她有主見，自己懂得選擇。

色爾瑪和曹日昌在十一月底前往荷蘭，於一九四七年十二月二日在阿姆斯特丹結婚。當時想必沒有盛大婚禮，因為色爾瑪的母親和她多數叔伯阿姨等親戚都在戰爭期間死於集中營。戰後不久，色爾瑪在阿姆斯特丹讀書期間，曾在莫札特運河街（Mozartkade）賃房而居，後來她就邀請倖存家人與朋友到此慶祝新婚。當時荷蘭法律規定，女人嫁給外國人，有取得丈夫國籍的義務，因此色爾瑪在結婚證書上簽字，也就失去荷蘭國籍。

一九四七年，色爾瑪與曹日昌在愛丁堡合影。

婚後兩人回到劍橋，搬進前衛編舞家約斯（Kurt Joss）家中一個房間。約斯是德國人，希特勒掌權後就離開德國，在劍橋開辦一所舞蹈學校。這所學校是外國舞者、藝術家及學生往來之地，國際氛圍濃厚。色爾瑪夫妻二人騎自行車環遊劍橋，在康河划船，一起參加音樂會。劍橋大學有八百多年歷史，不論建築或花園都充滿浪漫氣息，他們在此度過一段快樂時光。後來曹日昌完成博士論文《學習與記憶的時間間隔》（*Time Intervals in Learning and Memory*），取得心理學博士學位，獎助學金也告終止。

在指導教授巴利特（Fredric Bartlett）協助下，曹日昌可以取得香港大學某重要教職，但他必須先徵得欽克同意才能接受。此事見諸中國科學院檔案。自此曹日昌的利益為中國共產黨的利益所取代。他獲准接受這職位，因為黨在香港有一項重要任務交付給他。

色爾瑪懷孕了，不能和他同去香港。一九四八年七月，他們在居處拍了一張照片，是兩人在劍橋最後合影。曹日昌身著白襯衫和領帶，似乎已在精神上向前邁進。色爾瑪半身沒入陰影，看不大出肚子。她得留在劍橋，等待他們的孩子出生。

增義七週大的時候，色爾瑪帶孩子去荷蘭看望父親和繼母。佛斯先生為女兒和外孫拍了幾張照片。增義很可愛，好奇地注視周圍世界，但色爾瑪顯得沮喪。她心裡一定很難過，她的母親赫麗葉無緣疼愛這孩子，增義也沒能認識外祖母。更糟的是，她與繼母柯莉合不

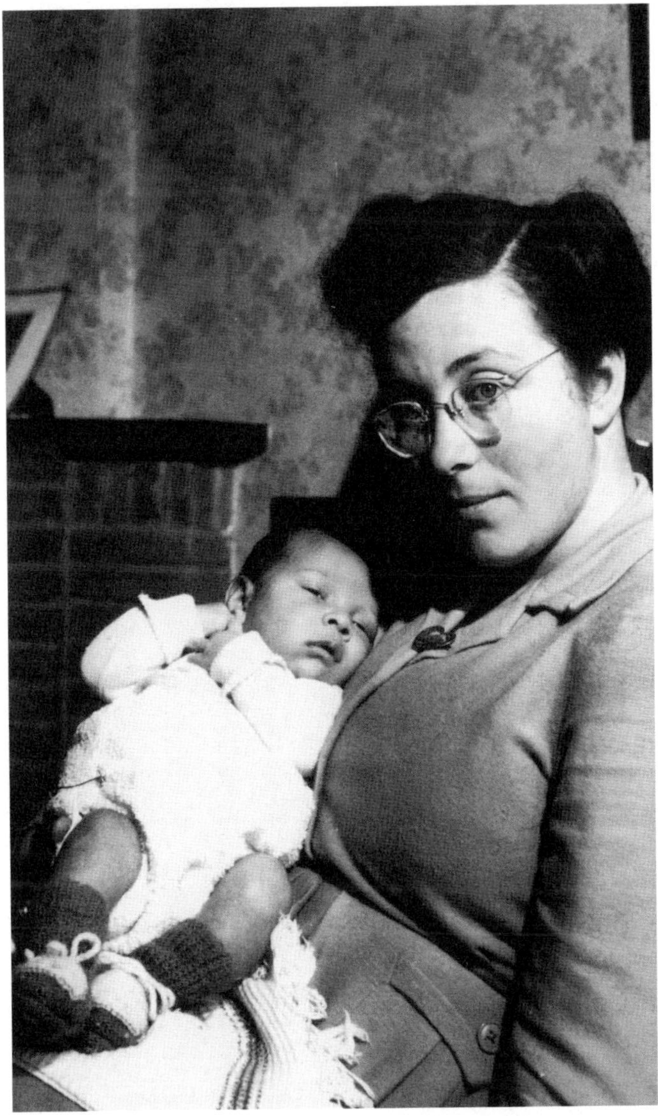

一九四八年，增義兩個月大的時候，色爾瑪母子到荷蘭拜訪佛斯先生。

來。戰時記憶揮之不去，或許遠走香港還比較容易。於是她在一九四九年二月四日帶著增義登上「科孚島號」（*Corfu*）郵輪。

色爾瑪持中國駐倫敦大使館簽發的特別文件旅行，曹日昌在香港碼頭迎接。日子再度好過起來。夫妻倆和小兒子住在一套漂亮公寓，還有一個大陽台，可以望見帆船與大船航行的港口美景。

在英國殖民地香港，曹日昌祕密聯絡世界各地的華人科學家，以中國共產黨名義邀請他們在毛澤東上台後儘快返回祖國。一九四九年十月一日，中華人民共和國在北京宣佈建國，宣言發表後，曹日昌忙於接待支持新中國的知識分子，歡迎他們來到香港，照顧他們住宿，為他們聯絡北京的學術機構，協助他們往後旅程。

女兒何麗出世後數月，曹日昌和色爾瑪決定前往中國。色爾瑪的父親佛斯先生認為，香港作為英國殖民地，未來可期，但他不喜歡女兒女婿去住在與世隔絕貧困的中國。他警告色爾瑪：「你得小心。說不定他在中國還有三妻四妾。」色爾瑪對父親的憂慮一笑置之。曹日昌是現代人，現在還有進步的政府掌權，父親卻還以為是過去那個封建中國呢。她和曹日昌都已經在共產主義解放的土地上看到未來美景。

他們一家搭乘「美上美」號抵達天津，第二天就乘火車前往北京。科學院派來的接待人員已為他們訂好車票，還保證他們從香港帶來的家具（例如內建水槽的桃花心木桌子）隨後就到。

抵達北京後，色爾瑪對宏偉城門和壯實城牆印象深刻。很多街道上都有巨大的木頭牌樓，曹日昌還帶她參觀數百年歷史的寺廟，以及紅牆黃瓦的皇宮。他們一家起初落腳東廠胡同一座大宅，十分氣派，但既無暖氣也無水管。每個週一早上，科學院派車來接曹日昌，將孩子們一起送到科學院的托兒所，週六下午曹日昌下班，再來接孩子回家。如此一來，色爾瑪就可以放心在外貿學院教課。那段時間留下的照片裡，她總是穿著西方

一九五〇年，曹家抵達中國後不久拍攝的全家福。

五〇年代風格的喇叭裙，身旁的學生有男有女，都是白襯衫長褲的簡單衣著。

最初那些年裡，色爾瑪和曹日昌結交許多志同道合的新朋友，他們都和曹日昌一樣曾出國留學，現在回來效力新中國。那時也有許多來自美國和歐洲的理想主義者。他們參加共產黨，但在母國政治無法施展，感覺被排拒在外，於是前來中國，參與這場偉大的社會實驗，期盼中國能讓夢想成真。

周恩來任命曹日昌擔任科學院計劃局副局長，負責分配資金及對外聯絡，他也是派往蘇聯、波蘭、德意志民主共和國及匈牙利的科學代表團成員，並與另一同事共同創建心理學研究所。當時中國科學院就在中南海北門斜對面，是黨及國家領導人生活工作之處，曹日昌也在此辦公。他經常被召到權力核心，與部長和國務院高官討論問題。

曹日昌是重要人物，很快入住有現代設施的住宅。到了增義該上小學的年紀，他們本來可以送他去寄宿學校，與領導人的孩子同學。但他們不贊同這樣的高官子女特權。他們覺得，街道彼端，緊鄰已關閉的天主堂，那所小學對增義來說就很好了。

＊＊＊

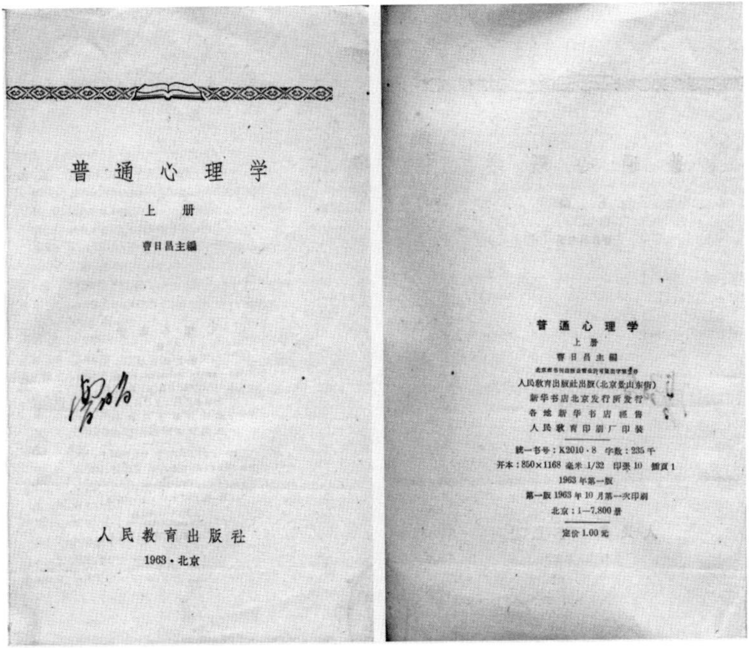

曹日昌主編的《普通心理學》上冊扉頁，上有曹日昌親筆簽名。這是一九五〇年中共建國後的首部心理學教科書，上冊出版於一九六三年，下冊直到一九七九年才出版，主要使用曹日昌的遺稿。

暑假過後，增義就要上中學了，但目前還不知道他會去哪所學校，得看他最近入學考試的成績。他們全家焦急等待結果。出門前色爾瑪還拜託鄰居，成績單寄到時要打電話通知他們。

火車又開動了。色爾瑪帶著孩子前往餐車。這裡的桌子也鋪著襯有蕾絲的桌布。繫著潔白圍裙的服務生走過來，將一盤盤蔬菜和肉放在他們面前，然後又端來米飯。何麗和增義難以相信火車上會有食物，而且是他們前所未遇的美味。

新華社的專車早在北戴河火車站等待。這裡距離海邊還有好幾公里路程。行李全都裝好後，專車開上一座小山。

「海！」何麗突然興奮大喊。兩個孩子驚訝看著這無邊無際的池塘，不知怎麼會有這麼多水。車子沿海岸公路前行，兩個孩子注意到母親眼中流下高興的淚水。涼風吹入敞開的車窗，輕撫他們臉龐和手臂。蔚藍海景在他們右邊展開，左邊是綠樹茂密的丘陵緩坡。北京的煩擾酷暑早已遠拋腦後。

車子經過西式風格的別墅，有花崗岩地基，磚牆，傾斜屋頂，中有天窗和小塔。這裡的房屋和北京民居不同，沒有遮蔽視線的院牆，家家戶戶都有陽台和舒適藤椅。鮮花盛開在花園精心修剪的草坪邊緣。北戴河好像歐洲，彷彿不在中國。

北戴河度假

這座海濱度假勝地的第一座別墅建於十九世紀末，由西方商人和傳教士建造，他們在夏季選擇涼爽的海岸，而不是炎熱的內陸，有些人退休後整年逗留於此。這裡許多房屋毀於庚子拳亂，第一次世界大戰後又重建起來。德國和奧地利建築師最受此地青睞，他們不僅設計舒適的別墅，還設計酒店、舞廳、咖啡館和教堂。只要負擔得起，每個外國人都在此消磨夏天，北戴河就像西方人的濱海飛地。中國的商界領袖和軍閥也帶著女人來此。那時北戴河常見身著泳裝的歐洲女性沿海灘散步，中國女人則穿絲質旗袍，打著陽傘。一九四九年共產黨勝利後，北戴河所有私人產業都被沒收。

色爾瑪帶著孩子在分配給新華社的別墅前下車。他們很驚喜被安排入住這裡最漂亮的房間，以前是個沙龍，還附有溫室。色爾瑪在寫給荷蘭家人的信中描述：「我們住一個非常大的房間，兩側是窗戶，一側是法式的門。這裡的海灘都保留給外國人，是最美麗的海灘。這裡人不多，到山丘下只有兩分鐘路程。」

晚餐由女僕送到房間，色爾瑪信中說有「蔬菜、米飯和一條大蒸魚。畢竟我們在海邊。那女孩說，魚是那天早上捕來的。」

飯後色爾瑪打電話給曹日昌，但沒有接通。第二天早上，他打電話到別墅，說他收到研究所電報，通知他一家人已到北戴河。色爾瑪沒有告訴孩子已和他們父親通上話，只說「我們要去散步」。母子三人漫步來到起士林大飯店，這是北戴河最著名的餐廳，以其首任德國老闆的命名，餐廳十分洋氣，有個極受歡迎的冰淇淋店，蛋糕區還賣德國甜點。曹日昌現身加入他們行列，讓何麗和增義又驚又喜。色爾瑪在信中寫道：「我們結婚以來，這是第一次全家一起度假！雖然昌沒跟我們在一起太久。」

夫妻倆在海灘上愉快消磨數小時，在色爾瑪住處共進午餐，然後又在海灘上待了幾小時，之後曹日昌回去工作，繼續和同事開會。他還要在北戴河待六天，但何麗和增義不記得那天之後還見過他。色爾瑪在給家人的信中說，和他碰面「還是很有趣的」。曹日昌離開後，色爾瑪他們就與素未謀面，但同樣為新中國工作的外國人為伴。

色爾瑪特別喜歡一個講法語的俄羅斯女人，她帶著兩個小女兒。何麗喜歡替兩個女孩梳理金色捲髮，增義和幾個說英語的男孩玩紙牌，打乒乓球。色爾瑪信中提到：「孩子們聽了許多語言，現在很習慣我和昌講中文以外的語言，也會開始模仿。何麗會以法文問：

Comment allez-vous（你好嗎），向增義道謝的話，他會以英文回答：Not at all（不太好）。他們習慣多種語言很有好處，尤其我們度假別墅裡還有個捷克—中國女孩，對她母親說捷克語，對其他客人說俄語，對增義和何麗說中文。」

色爾瑪沒在信裡提到，兩個孩子每天都得花幾個小時寫「暑假作業」，可能因為從荷蘭角度來看這非常嚴格。中國小孩都這樣，學年結束時就規定下了。但下學期增義就要上中學，老師因此沒給作業。不過，增義寫字潦草，這在中國很是糟糕，開家長會時，老師們總是抱怨增義的字，曹日昌看在眼裡也覺得不行，因此這個暑假他出了作業，要增義練字。

何麗和增義想快速寫完全部作業，之後就可以無憂無慮度假，但曹日昌可沒浪費他在「記憶」上的專業。他知道這些課程必須反覆練習才記得住。於是每天早餐後，色爾瑪看著孩子們寫作業，寫完當天作業才能離開別墅。

他們穿上佛斯先生從荷蘭寄來的塑膠製人字拖（他給每人都寄了一雙），走下一條和緩的下坡路，穿過松樹和茂盛九重葛包圍的度假別墅，幾分鐘內就來到海邊，這裡有兩塊巨石向上突起，被海浪打磨光滑。

陽光明媚時候，無垠大海與天一色，有時雲霧迷濛，又有一種神秘氣氛。他們在巨石處左轉，來到一片淡黃色的半月形海灘。這片海灘專門保留給外國人，主要是使館人員及家屬，這些特權人士都住在新華社休養所旁戒備森嚴的山丘別墅。話雖如此，並無跡象顯示海灘僅限外國人使用，因為這會給人殖民主義的印象。一般中國人到這裡，自有警衛上前阻攔，不過色爾瑪和孩子們總被放行。

他們來到水邊，沙灘巾鋪在沙上。色爾瑪從包包拿書出來，她連度假時依舊閱讀不輟，兩個孩子則打造沙堡，和其他同齡孩子一起游泳玩耍。

曾在中國生活的西方共產黨人在自傳寫道，工會和工廠會讓成員去北戴河度假放鬆，所謂在「人民」中度假，但實際上只有少數勞模能去北戴河。這裡住房稀缺，全被外國人和高幹佔據，毛澤東等最高領導人在「洋人」使用的海灘西側坐擁一片海灣，住在宏偉的海灣別墅。北戴河可是政治界限分明。

樹林田野，村莊錯落，遠處青山綿延起伏，海浪輕柔拍打沙灘，空氣潮濕，鹽味深重，色爾瑪逐漸感到放鬆。對她來說，北京盛夏總是很難熬，來度假前一週她還寫信給父親：「目前天候惡劣，溫度在三十二到三十八間波動，而且極為潮濕，潮濕到枕頭聞起來都有霉味，全家人經常睡到三點就醒了，疲憊不堪，乾脆大家都洗個冷水澡！」北京無處不飛塵，家家戶戶燒煤球做飯，冬天燒煤取暖，空氣格外糟糕，此外還有戈壁沙漠吹來塵暴。而在北戴河，她擁有非常想念的寬廣空間和大自然。她在北京的家有五十平米，在多數中國人眼裡又大又豪華，但她覺得四個人住就很擠了，而且總是有鄰居在左近。她很想擁有自己的院子，院門一關就不用理會旁人。

孩子們注意到，母親經常在海灘上出神。色爾瑪可能想起她在沿海小鎮艾莫登的童年歲月。她成長的屋子和北戴河的別墅差不多，也是磚造，有個露台，擺設現在此地流行的藤編家具。在艾莫登的家，她可以從前門沿一條小路穿過沙丘直抵大海。

時近中午，海灘客都收拾東西匆匆回家，因為度假屋裡每天十二點準時供應午餐。午餐過後，色爾瑪和孩子們小憩一段時間，下午再回到海灘，享受幾小時陽光和大海。傍晚六點又有晚餐送到他們房間。

每天傍晚，上床之前，母子三人一起散步，欣賞日落，何麗在沙灘上找貝殼。返回別墅的路上，每個花園都有蟋蟀的音樂會。

對何麗和增義來說，參觀「怪樓」是這次假期高潮，他們畢生難忘。那是一個多雲的下午，母子三人搭乘新華社專車前去。從外面看去，這建築依山傍海，看來簡單無奇。他們買了票，一名嚮導領他們走上鏡子夾道的螺旋樓梯，進入一個大房間，四面牆壁掛滿鏡子。他們在鏡裡看到數百個自己。嚮導向他們介紹，建造這奇怪屋子的是美國農學家辛普森博士（Willard Simpson），他一九二八年來到中國，不久後即苦於面部嚴重疼痛。中醫建議他多曬太陽，於是他設計這間屋子，共有四十六扇窗戶，為了反射光線，高高低低裝了許多鏡子，而他也真的很快就痊癒了。嚮導打開更多房門，房間裡也都有鏡子牆。嚮導說，鏡子曾經被偷，不過現在這裡是博物館，尚存的鏡子都獲得妥善保護。他們參觀那日是陰天，但每個房間形狀各異，光從四面八方照來，增義和何麗都感到著迷。

對增義和何麗來說，北戴河假期就像出國旅遊，每座建築散發西方氣息，度假者來自世界各個角落。起士林大飯店裡有盒裝的牛角奶油捲，甚至有專賣乳酪的店，地板鋪著白色瓷磚，產品整齊陳列在牆上木架，色爾瑪幾乎每天都想去那家店，她還告訴增義和何麗：「荷蘭所有商店都乾淨整潔，條理分明。」

假期即將結束時，他們接到電話，得知增義被北京十三中錄取。色爾瑪寫信給父親說：「增義上不了最好的學校，因為他寫字不夠工整。他總是和漢字奮鬥。反正他會去次好的學校……那就夠了。」*

假期結束了。早先接他們的司機開車送他們去火車站。色爾瑪坐在前座，不停回頭看望，說想儘可能看海看久一點。增義和何麗又再度在母親眼中看到淚水。

*譯註：北京第十三中學：即民國時期的北平輔仁大學附屬中學（輔仁附中），現在仍稱北京十三中。

表親來訪，秀英消失

全家都回到北京後，色爾瑪寫信給父親：

孩子們都曬成棕色，堅果一般，連我也曬黑了。在海邊我們懶極了，只游泳、吃飯、日光浴。……離開北京之前，我給增義何麗量過體重。假期中何麗重了三公斤，現在她三十四公斤。增義長高了，幾乎和我一樣高，體重是三十六公斤。我現在五十五公斤，從沒這麼重過。

北戴河假期彷彿夢幻。就在他們度假期間，許多人因長期缺糧而面部或四肢浮腫，農村更有數以百萬計人死亡。曹家很快就體會到這般現實。色爾瑪信中寫道：「昌的大哥的外孫女來我們家住。她是老師，二十二歲，突然失去四歲的兒子，受了很大震撼，正在接受治療，此外倒沒有問題。可憐的。」

毛澤東領導下，醫生不准討論營養不良問題。曹日昌的鄉下親戚日後回憶說，那時每人每天只能分到幾個饅頭，為解饑餓他們連草根樹皮都吃。至於到北京依親的那位年輕老師，她幼子死因費解，不過饑荒時期常有小孩突然死去，也有大人突然死亡的。一個月後，曹日昌的姪孫女康復了，曹日昌為她找到科學院幼兒園的工作，但她的外祖父（曹日昌的大哥）對此很不高興，說她是家裡獨生女，命她回村裡贍養母親。

數百萬農村人口死於飢餓，報紙頭條卻還大肆宣傳人民公社壯舉開發新耕作方法。色爾瑪也不能自外於宣傳。她信中寫道：「我非常欽佩中國人的韌性和決心，若是換了我們荷蘭人，一定會抱怨個沒完。」說來曹日昌接觸得到機密消息，應該清楚饑荒嚴重程度，只不知他向妻子透露多少。他可能並沒有告訴色爾瑪全部實情，不然色爾瑪向來具有批判精神，恐怕會出言批評。

一九五〇年色爾瑪隨曹日昌到中國時，她對共產主義抱持正面積極態度。她嚮往美好世界，認為北京其他人也是如此，因而感到十分自在。但不久後她就發現，很多人其實不問青紅皂白遵循黨的路線。她對這種態度敬而遠之。增義與何麗也都還記得，一九五三年史達林過世，他們幼兒園每天都在悼念毛主席最重要的外國友人，色爾瑪卻不難過，還說「史達林是很惡劣的壞人」，而且經常重申這觀點，叛逆態度令孩子們十分驚訝。

之後幾年又發生一些戲劇性插曲，讓色爾瑪更加疏遠黨的路線。首先是她樓上有個鄰居的親屬在「百花齊放，百家爭鳴」運動結束後被捕。那男子曾留學美國，是南京一所大學的校長，被捕下獄後自殺，遺孀和孩子被掃地出門，無家可歸。樓上鄰居為孤兒寡婦求情，他們於是獲准在院中一個小棚棲身，但他們身上有污點，他人避之唯恐不及。色爾瑪不齒這等態度，毫不避忌，大方與蒙受不白之冤的人為友。她特別喜歡已故校長的兒子，那孩子比增義大幾歲，之前隨父親住在美國，講中文帶著口音，很聰明，院裡其他小孩都叫他「大頭」。他盡力支持母親，在學校也很用功，色爾瑪很愛惜他，特地烤美式蘋果派為他過生日。

也是在這段期間，秀英遇上可怕的事。院裡有個鄰居男子喜歡秀英，但不獲理睬，一天晚上竟趁秀英在屋裡睡覺非禮她。此事本可不了了之，孰料那人妻子竟然打電話給居委會告狀，事情就此失控。那時曹日昌因公出差，色爾瑪不知如何是好，數日後秀英被判數年勞改，那男人卻安然無事。色爾瑪大為震驚，無法接受這種不公懲罰，此後都不再和那些鄰居說話。

色爾瑪和秀英已成好友，孩子們也很愛她，她走後不只色爾瑪傷心，整個家也被打亂了。曹日昌回家後，色爾瑪纏著他，要他設法帶秀英回北京，還在給佛斯先生信中提及此事，說希望事情能夠順利。但她下一封信裡就說，曹日昌已然盡力，還是無力回天。他畢竟對黨忠誠，個人問題都是其次。

秀英刑期屆滿後被分配到勞改農場食堂工作，閒暇時去北京，就在曹家暫住。色爾瑪信中談及這不公處境，說「這是一場打不贏的仗」。

桑普特包裹

大院裡的生活變得灰暗單調。街頭不再有賣菜的一扁擔挑來鮮靈水菜。沒有鍋瓷匠，沒有木匠，也沒有賣珠寶首飾的。所有私營活動都被禁止，東西壞了也找不到人修理。色爾瑪信中寫道：「我們的床凹凸不平，何麗的沙發床需要整頓，增義的床墊要填充。」她想找人來處理，但根本無人可找。

現在西直門大街所有商店都已改為國營。茶館被打為封建，被勒令停業。何麗的同學舒誼的祖父不能再開診所看病了。不只私營企業全都關閉，現在起，所有中國公民都得從屬於一個「單位」，在農村叫做公社，在城市就是機關。每個人都被建檔，當局根據檔案來決定居住空間、醫療保健和供應票券等一應事宜。這些單位不停組織強制性會議，宣揚黨的最新路線。

一九五八年，為了讓全世界看到中國強大，超英趕美，毛澤東發起新運動——大躍進。拓展工業需要水泥和鋼鐵，於是所有中國人都得收集金屬物品，放在土高爐熔化。色爾瑪從一開始就認為這很荒唐，但增義與何麗的學校已經設了高爐，給學生三天時間尋找金屬。第一天何麗在兩塊街石之間發現一個舊釘子，但之後就找不到任何東西，只遇到很多也在找金屬的大人小孩，個個眼睛緊盯地面。為了公共利益，家家戶戶都得交出炊具和櫥櫃鎖，但色爾瑪無視新法令，她不想犧牲硬木衣櫃上的傳統圓鎖。居委會來對她施壓，曹日昌出面緩解，討論許久，總算以色爾瑪是外國人破例一次，櫥櫃完整才得以保全。

之後中央又頒布全國性法令，禁止任何人在家煮飯，他們院裡因而設了食堂。農村情況更糟，所有農民都得上繳炒鍋供鎔鑄，牛豬雞鴨全得交給公社，牛肉經常只供應領導階層，不守規則的人就得挨餓。農民日以繼夜，忙著給高爐加火添柴，製造出毫無用處的金屬塊。同一時間還有許多人被迫修建堤壩和灌溉渠道。

耕作收穫都不重要了，農業產量頓時減半。公社誇報產量以滿足上級期望，中央信以為真，下令上繳收成，公社為了圓謊，於是挪用配給農民的糧食。燃料短缺讓卡車、火車都無用武之地，許多穀物蔬菜無法運輸，白白腐爛。這場饑荒總共餓死四千五百萬人，許多人甚至赤身裸體挨餓，寧願拿衣服換取食物。一些高幹如劉少奇和鄧小平曾提出警告，但被毛澤東封口，之後兩人還在文革期間遭到整肅。色爾瑪周圍情況愈來愈糟，但她信中沒有一句怨言，一方面因為她知道信會被檢查，一方面也因為她生性不愛抱怨。她自己選擇住在中國，自然必須盡力而為。

物資確實困乏，但色爾瑪不想把荷蘭家人牽扯進來。她知道父親自己的煩惱就夠多了。佛斯先生的第二任妻子柯莉經常情緒緊張，那時正因睡眠障礙住院，醫生認為是戰爭創傷所致。她住院的時候，佛斯先生得獨自照顧家務，且兩個小兒子都還在上學。後來柯莉終於出院回家，桑普特家中似乎又回復正常，色爾瑪得知後，決定把握一個獨特時機請求幫助——另一位中國心理學家林先生的芬蘭妻子艾爾蜜（Armi）要回芬蘭，回程要搭火車，屆時替她帶多少東西都不是問題。

一九六一年夏末，色爾瑪寫信給佛斯先生，說如此機會「僅有一次」。她請父親寄包裹到芬蘭，讓艾爾蜜以個人行李帶回中國，如此便能免去繳納百分之一百到三百的貨物稅。她列出一紙清單，由北京寄出風險過大，便交由艾爾蜜在赫爾辛基投郵。她還在信中提醒佛斯先生：「千萬不要在信裡提這件事。」

列清單之前，她還解釋了一番：

> 塑膠雨衣或斗篷材質夠不夠結實，就留給柯莉判斷，不然我寧可選棉質的、顏色好看的。希望搭配夾克和襯衫的灰色羊毛百褶裙不會太貴。還有，柯莉，請不要買時下那種古

里古怪的東西，不要那種奇怪的低領，這裡的冬天也沒法穿。關於鞋子，不要白的！根本沒辦法在這裡保持乾淨。購物籃要大要結實，才能塞很多東西，如果不是太貴就要兩個。現在請看下一頁的清單。

給我的：四件襯裙、四條褲子、四件四十號號襯衫。一件圍裙。

兩雙亞麻夏季鞋，縐膠底，三十九號

一雙灰色、棕色或紅色襯裡的冬鞋，三十九號（如果不是太貴就兩雙）

一件有帽的雨衣或斗篷，四十二號

一雙十號尼龍及膝襪

她洋洋灑灑寫了一頁又一頁。她要的東西很多樣，如溫暖的開襟衫，她可以穿去教課的整潔衣服，紅色錢包一個，用來繫衛生棉的 Kotex 腰帶，還有冬天穿的山羊毛襪。她還想要修理家具的工具和修補鞋子衣服的材料：手鑽、膠水、按扣、鉤眼、頂針、各種尺寸的鈕扣和拉鍊、繩子、膠帶等等。她居家還需要塑膠袋、磨刀器、蘋果削皮器和塑膠桌布。她想要一罐雀巢咖啡，還要八音盒*、鉛筆盒、梳妝用品給何麗。她說增義在《綠色阿姆斯特丹人》看到一個自組飛利浦電晶體接收器廣告，這幾個月念念不忘，其他東西都不顧了。

至於給曹日昌的部分，她只要一件領子十六號的白色尼龍襯衫。她還想要一袋貓糧給穆蒙。她的帝國牌（Imperial）小打字機還要一條新色帶。

> 目前大概如此，應該能讓你愉快購物一週，同時我們在這裡翹首以盼。只有昌例外。他一直很淡定，甚至覺得連襯衫都沒必要。

增義與何麗記得，曹日昌並不喜歡這張清單。他是忠誠的共產黨員，原則上反對色爾瑪試圖逃稅。此外這清單無疑會讓佛斯先生認為他女兒在中國過著貧困生活，而他身為女婿也感到丟臉。

色爾瑪以懇求口吻結束這封信：「請把能找到的所有舊衣服鞋子也都寄來。不知道為什麼，總之現在中國嚴重缺乏紡織品、羊毛和皮革。」她在頁尾以鉛筆潦草寫下一種甲丙氨酯，是一種成癮性的鎮定藥物，在一九六〇年代的荷蘭很常見。在那之前稍早，一名醫

＊譯註：八音盒即音樂盒。

生診斷她的胃痛和尋麻疹是出於神經過敏，因而開了甲丙氨酯的處方。

佛斯先生回信寫道，他不打算把她想要的東西都寄去赫爾辛基。他似乎對中國缺乏這麼多日常用品感到不安，想必對中國情況抱持懷疑。他在信末說，色爾瑪應該像艾爾蜜那樣，自己回一趟歐洲，屆時她要帶多少東西都不成問題。他說，女兒離開歐洲十二年半了，他希望和女兒見面。

這提議想必打動色爾瑪，問題是她受國籍限制，無法自由旅行。一九四七年她和曹日昌結婚後就失去荷蘭國籍，她不想變成無國籍人，於一九五五年申請入籍中國，同年取得中國籍，被中國當局視為次等外國人。但就算她還持有荷蘭護照，在中國生活也不容易。她在信中寫道：「你知道，就算持有外國護照住在這裡的人，也得和單位及各種機構糾纏，大費周章才能獲准離開。我有個熟人，德國人，母親在柏林病危，她要求回德國卻被拒發出境簽證。回信毋庸評論此事。」

艾爾蜜與中國公民結婚，依舊保有芬蘭國籍，現在可以離開中國前往赫爾辛基，相比之下，荷蘭與中國待她不公，一定讓她心中苦澀。不過她還是試圖為中國政治辯解。

當前情況之愚昧，委實無以復加，下頭把中央政策無限上綱，現在幾乎都是最底層人

一九六一年，艾爾蜜帶回佛斯先生的包裹，增義終於拿到他期待已久的飛利浦先鋒接收器。

何麗收到北京罕見的音樂盒。

員在做決策，因而產生不幸的結果，即便在社會主義國家也是如此。但我不會失去勇氣。情況過一段時間就會改變了。這裡的事總是在極端之間擺盪，沒人著急。

色爾瑪信中這麼寫，但佛斯先生想必因此更加認定，他女兒已成中國的俘虜。

艾爾蜜返國期間，約定由色爾瑪照看林家，她常為艾爾蜜的先生和兩個年幼兒子去專賣店購物。有一次她去林家探視，發現艾爾蜜一小時前剛回來，帶回色爾瑪和孩子想要的東西。

她終於收到父親寄往赫爾辛基的包裹。她後來信中寫道：「家裡自然亂七八糟，到處都是包裝紙、行李、衣服、雜物。」雖說從林家拿東西到曹家有點費事，但一切安全到家之後，「簡直就像過聖尼古拉節，我們都欣喜若狂。」*

色爾瑪信中寫道，蘇格蘭格子呢雨衣非常完美：

> 全北京只有大使館某人還有一件這樣的斗篷，是淡藍色的。** 但是，希望你不介意我這麼說，我覺得最美的是瑪雅粉盒和 4711 古龍水，我已經十二年沒見過也沒聞過了。真是太幸福了。你寄來的一切都合身極了，連花園新水管頭的尺寸也很合適。內衣很奢華，

我今天穿了一套黃色的，感覺煥然一新。曼徹斯特灰長褲和黑襯衫就像為增義量身定做，他覺得很漂亮，又因為都來自外祖父母，他覺得很新鮮。何麗試穿一條尼龍褲，高興得不得了！致上小小問候。兩頂浴帽也好漂亮。以前我們只能在外國雜誌上看到照片，現在真的好高興能收到這些可愛東西。

何麗把八音盒開了一遍又一遍，但沒人聽出是什麼旋律。增義整天帶著他的接收器，開開關關，驚訝極了。那天晚上他不想睡覺，還好那天是週六。星期天下午，他組裝遇上困難，找我去幫他翻譯說明書。現在他知道荷語的螺母、螺栓和溝槽螺帽是什麼意思了。他很快就完工了，突然間，北京所有電台都聽得好清楚。飛利浦先鋒太好了。

* 譯註：聖尼古拉（Sinterklaas）是以聖人尼古拉（Saint Nicholas of Myra）為原型的虛構人物，被視為兒童的主保聖人。每年十二月六日是荷蘭的聖尼古拉節。小朋友們相信他每年十二月五日夜裡乘船從西班牙前來分送禮物。聖尼古拉也是聖誕老人的原型人物。

** 譯註：「大使館」是色爾瑪信中原文，實則荷蘭於一九五〇年與中華民國斷交後，於一九五四年與中華人民共和國建立代辦級外交關係，所謂大使館實為代辦處。兩國關係遲至一九七二年才升格至大使等級。

艾爾蜜回到芬蘭時，不敢相信歐洲如此奢華。她連氣味顏色都生動形容，讓色爾瑪可惜自己無緣體驗，但她說：

當然這是對比問題。這國家貧窮落後，人口龐大又不斷增長，情況不可能迅速改變。中國才剛開始工業化，學校也差勁，好在他們不曾經歷更好的日子——增義和何麗也是，他們對生活中一切小事都很滿意。

增義與何麗如此，但色爾瑪體驗過世界，想來她也曾自問，當初若留在劍橋或香港，生活又是如何？她選擇隨曹日昌搬到中國，這並非容易之路。

大約也是這個時候，他們家裡遇上臭蟲問題。那時她才剛為何麗買了二手沙發床，結果何麗全身被咬，她才在沙發褶裡發現臭蟲。

三秒內我就把床單褪去，扔到窗外，扔進一大碗消毒水。之後我只花了兩分鐘，徒手把沙發和一個櫃子搬到屋外，我和昌都去找DDT。他帶著兩大瓶回來，我找來四瓶。我把六瓶全部倒上床、櫃子和床墊。然後我用強力消毒水擦洗地板。兩週後就沒臭蟲了，何麗又能睡在床上，但床還滿是DDT的臭味。

北戴河海邊假期恍如隔世，北京飢餓依舊。色爾瑪悲觀預測：「這個冬天會和四四、四五一樣。」她以數字暗指德國佔領荷蘭期間那段挨餓受凍時光。

以前她獲許在外國人專賣店購物，那年十二月一日起，這特權被取消了。現在他們全家就和北京其他所有中國人一樣，只能獲得配給口糧，「每人每天一小撮米和麵粉，一滴幾乎看不見的油，還有七盎司蔬菜。僅此而已。」

她因為「國籍問題」失去優待，一下被貼上中國人的標籤。「我知道外國人還享有購物特權。有些外國人在中國生活多年，寧願持有過期的外國護照，也不願加入中國籍。」

新華社剝奪她的特權，但她還在設法抗爭。不過她不願意把未來想得太過灰敗。她信末寫道：「沒關係，那些人下地獄去吧。給你許多親吻。受困但沒被打敗的色爾瑪。」

嚴冬聖誕

一九六一至六二年的冬天很冷，北京許多湖泊都已結凍，但不夠結實，無法滑冰。

十二月二十日上午，一輛黑色公務車停在院門前，色爾瑪一家四人都上了車。車子穿過城市，開進火車站側門，停在一個月台邊。載科學院幹部南下的火車將開抵這個月台，孩子們聽說都大吃一驚。

一家人來到一號月台的專用候車室。火炬形壁燈和高掛天花板的水晶吊燈令孩子們著迷。房間主要裝飾是一幅巨大的畫作，上有仙鶴飛越飄渺山水。沙發設在金色柱子之間，覆以灰色棉布罩，一家人就坐在這裡等待火車。

曹日昌即將上車，要離開北京一個月，色爾瑪和孩子只是來送行。與他同行的其他科學院高級幹部過來打招呼。蒸氣火車進站時發出刺耳的汽笛長鳴。

色爾瑪和孩子們跟著曹日昌去到他預定的車廂。增義與何麗發覺，這火車竟比他們去北戴河的列車還要豪華，一間間都是雙人包廂，沙發覆以明黃布料，可以展開成雙層床，窗簾和桌布也是明黃色，連餐車都用明黃，在以前可是只有皇帝能用的顏色。

增義知道曹日昌此行一定會經過新武漢大橋，感到非常興奮。這座大橋長一．五公里，橫跨長江，是數千工人連結中國南北的奮力之作，數年前建成時，所有報紙都刊登新橋照片。增義在學校和同學討論，都認為這座橋最了不起的是那雙層結構，上層是雙向汽車道，下層則是雙軌鐵道。以前火車要渡江，必須解開連結，用渡輪運到對岸，現在可以直接上橋過江。中國正在快速現代化！

色爾瑪給父親的信中寫道：「很遺憾，昌不能在這裡過聖誕節和新年。」不過這也有好處。曹日昌每年都抱怨聖誕樹把家裡搞得一團糟，今年他不在家，她打算把聖誕樹留到一月十日她生日當天。她信中談及此事，說曹日昌「連抱怨都是好言好語」，不無自我安慰之意。

但色爾瑪向來把屋子打理得纖塵不染，曹日昌說聖誕樹弄亂家裡，恐怕言不由衷，其實他更可能出於政治原因而反對聖誕樹。共產黨反對任何形式的宗教，自然也反對聖誕樹，但曹日昌深知妻子雖是猶太人，卻很依戀聖誕節傳統，抱怨歸抱怨，從不禁止家裡出現聖誕樹。

幾年前色爾瑪設法找來一棵塑膠聖誕樹，如此一來就不必討論何時買樹，時候到了只要從櫥櫃拿出折疊聖誕樹放在桌上就好。色爾瑪信中說：「每年到了這個時候，鄰居孩子都會來看。許多中國面孔圍繞一棵聖誕樹，我總覺得那景象好奇特。」

商店能買到的東西愈來愈少，但色爾瑪盡力張羅。今年她約好去史密斯夫婦（Bonnie and Rick Smith）家慶祝聖誕節，這對夫婦是她的好友，也在新華社外語培訓學校教課，在北京友誼賓館有一套公寓。

友誼賓館建於五〇年代中期，供前來協助中國建設的蘇聯技術人員及家屬使用，以俄語 дружба（druzhba，友誼）命名。那時中蘇關係密切，中國政府盡一切可能討好俄羅斯人，在友誼賓館開設各種餐廳，興建五十米戶外泳池，還有可打撞球和乒乓球的活動中心。冬天戶外有溜冰場，夏天一號樓有兩個大露台可以開派對。俄羅斯人可以從七層樓高眺望農村，看農民在田間勞作，以馬車運送貨物。這裡有一所學校，共有好幾層樓，有俄羅斯教師在此上課。俄羅斯婦女可以叫出租車到城裡，光顧皮革店、絲綢店。

一九五六年，中蘇兩國出現共產世界主導權爭議，關係趨於緊張，這些年來更是彼此競爭。毛澤東和史達林處得來，但後繼的新領導人赫魯雪夫曾批評史達林，又說中國搞大躍進野心過大，讓毛澤東很不高興。一九六〇年八月，莫斯科從中國召回千名專家，友誼賓館頓如空城。

色爾瑪帶著孩子造訪時，這戲劇性發展已過去十八個月，無人提起以往報章雜誌上無處不在的「蘇聯老大哥」，如今友誼賓館住的是來自世界各地的毛澤東共產主義支持者。

那天極冷，他們母子三人搭公車過去，途中色爾瑪一直小心翼翼將自己烤的蘋果派放在膝上。到了友誼賓館，他們在門口出示身分證件，門房打電話給史密斯夫婦，詢問是否等待曹家來訪。之後他們進入一座花園，小徑纖塵不染，十分安靜，只光禿樹叢裡一隻喜鵲嘎嘎鳴叫。

這裡建築眾多，套房公寓達數千之譜，每棟建築都有光亮的綠琉璃瓦屋頂，波浪起伏很像紫禁城，琉璃瓦尖端站著綠色吻獸。牆面有對稱的紅、綠、金三色飾條，與灰色石牆形成鮮明對比。正對大門的一號樓最為豪華，有一道大理石梯通向大廳，大廳裡水晶吊燈閃閃發光。一號樓和其他建築之間有玻璃甬道相連，裡面開著暖氣，但色爾瑪和孩子們不想招人注意，寧可走外面。

他們走進三號樓。這是一棟普通建築，裡面有幾家商店，友誼賓館住戶不用任何票券就能購買肉、菜、布匹、酒類、香菸等商品，應有盡有。友誼賓館內連裁縫師和理髮師都有，但色爾瑪不住這裡，不能享用這服務（友誼賓館外，理髮師寥寥無幾，就算有，也沒人會剪色爾瑪的頭髮。她於是用髮帶將頭髮綁緊，既整潔，也不用操心理髮問題）。色爾瑪想在商店打烊前看看有何可買，最後買了一公斤北京城內少見的橙子。她把橙子放進隨身攜帶的購物袋，將袋子交給增義，自己拿著蘋果派。

之前增義與何麗已經問明方向，現在走在色爾瑪前面，小跑步上樓，按響門鈴。里克（史密斯先生）來應門，熱情歡迎他們，邦妮（史密斯太太）也從廚房出來，身上帶著美食香氣。這裡有中央暖氣系統，每個房間都很溫暖，他們沒穿厚重衣物，彷彿現在並非冬季。

史密斯家客廳書架擺滿英譯本馬克思、列寧全集。史密斯先生是美國人，忠實的共產主義者，一九五〇年代美國進入麥卡錫主義時代，他的共產主義信念不受待見，也找不到工作，他認為自己被列入黑名單，索性舉家前來中國。他從不和色爾瑪談政治，但那年稍早，曹日昌和色爾瑪同來友誼賓館作客，兩人倒是討論馬克思主義好幾個小時。*

「里克叔叔聖誕快樂。邦妮阿姨聖誕快樂。」增義與何麗以英語禮貌招呼，他們都知道現在要表現得像西方人。若是對他們父親的朋友，他們就只喊叔叔阿姨，不直呼長者名諱。邦妮給他們檸檬水，他們按照母親指示，沒有以中國方式行禮如儀，簡單接受了。邦妮給色爾瑪準備的是咖啡，她珍惜的小口啜飲。

史密斯家有三個兒子，正在賓館大院玩耍，不久他們回到家，原有平靜頓時消失。男孩們活力充沛，異常吵鬧，史密斯先生試圖讓他們安靜未果，生起氣來，但邦妮說：「算了，隨他們去，聖誕節嘛。」史密斯家通常如此，靠邦妮的愛心維繫一切。

史密斯夫婦熱情好客，那年夏天增義與何麗來做客，和三個男孩一起去公寓大樓旁的游泳池游泳，因為距離很近，史密斯太太做好飯了，從陽台上就能叫他們。另一次他們來訪，史密斯先生在院子裡生火，做了一頓美味燒烤，大家用手拿漢堡吃，而聖誕節這次，史密斯太太從烤箱端出美味的火雞。

史密斯夫婦還儘可能協助色爾瑪。若賓館商店有什麼值得買的特殊東西，他們會替色爾瑪張羅。友誼賓館居民享有免稅優惠，因此他們也替色爾瑪接收荷蘭來的包裹，為色爾瑪省下稅錢。

史密斯家有新華社的車接送上下班，他們也讓這車去接色爾瑪，替她省下數小時通勤時間。後來新華社向她追討乘車費用，帳單金額高達她薪水的一半，還是史密斯夫婦替她付了罰款。

＊麥卡錫主義（McCarthyism），指美國參議員麥卡錫（Joseph McCarthy）所主導，對同情共產主義的美國人展開的獵巫行動。當時最驚人的事件莫過於羅森堡夫婦（Ethel and Julius Rosenberg）一案，他們為蘇聯從事間諜工作，一九五三年因竊取原子武器機密被捕，最後遭電椅處決。

那天吃完飯，大人們喝咖啡，色爾瑪抽了一根煙，五個孩子在活動中心打乒乓球。增義與何麗知道，和史密斯兄弟在一起，通常會以災難告終，果然這次男孩們決定要痛擊乒乓球，遭到一名中國工作人員訓斥，結果這名員工反而被男孩們滔滔怒罵，增義與何麗在旁實在羞愧難堪。夏天他們來游泳的時候也是這樣，總之男孩們絕不聽人教訓，增義與何麗則盡力避免衝突。他們不是友誼賓館住戶，要使用他們的設施很容易遭拒。

乒乓球事件過後，孩子們回到父母身邊，色爾瑪切蘋果派和大家分享，之後就該回家了。曹家三人都穿上棉大衣，在友誼賓館外搭上一輛擁擠公車。他們家的煤爐還亮著。穆蒙躺在煤爐前的墊子上。何麗從史密斯太太給她的一袋火雞骨頭裡挑了一塊給穆蒙。之所以對穆蒙這麼好，是因為前幾天牠失蹤一整晚，全家驚慌失措，搜遍大院都不見蹤影，色爾瑪還寫信給父親說：「我擔心遇上最壞狀況。在這裡，貓被直接下鍋。牠恐怕已經被吃掉了。」不過隔天一早她就聽到窗上有擦刮聲，是穆蒙回來了！她叫醒孩子，讓他們好好抱抱穆蒙。那天之後，穆蒙得繫上皮帶才准出去。

Chapter

4

異國交遊

1962-64

外國友人

一九六二年，色爾瑪給佛斯先生寫信，說曹日昌還在海南島，那裡天氣溫暖到他「說不定每天只穿泳褲四處走動」，他每天喝三次咖啡，每次都加椰奶。曹日昌返家後她還在信中說，他在海南島參加許多宴會，現在都有小腹了。

佛斯先生會怎麼想呢？正值隆冬飢荒，他的荷蘭女兒獨自在北京帶孩子，中國女婿卻悠遊熱帶海灘，參加宴會，享受奢侈。色爾瑪似乎沒有意識到，她的信可能給人留下這樣的印象。她早已習慣曹日昌不在身邊，畢竟他是共黨高幹，這是他工作的一部分，也正因為他忠於職守，他有些同事遭整肅清洗的時候，他能不受影響，依舊受人敬重。夏天黨在北戴河開會，冬天在海南島，這很正常。色爾瑪並不抱怨，只是她得獨自處理家中所有狀況。有幾件家具不牢靠，購買新品又所費不貲，找了許久，修家具的人總算上門查看。那人說，沒膠就辦不成事，偏偏又找不到膠。色爾瑪認為，不妨將她父親託艾爾蜜帶來的膠加熱試試，結果確實奏效，她幾乎獨立完成大半修繕工作。她還在屋後搭建雞棚，養了九隻雞，晚上雞會爬梯子到上層休息。蔬菜便宜的時候，她會一次買上二十五公斤，在院子裡曬乾。

色爾瑪從不吝惜自己動手。孤獨才真正讓她難受。不論在家還是學校，中國人都和她保持距離，她與同事私下根本沒有往來，曹日昌還告訴她，別邀外國人到家裡做客，否則他還得向上級匯報。因此色爾瑪每週會去友誼賓館一兩次，造訪史密斯夫婦，多少排解孤獨。

友誼賓館有劇院，定期舉辦英語講座和西方音樂表演，色爾瑪透過工作單位取得門票而參加這些活動，結識一群號稱「中國之友」的外國人。這些人從一開始就支持中國共產主義，是外國人社群裡忠實的共產黨支持者，享有許多特權。

美國人李敦白（Sidney Rittenberg）是其中著名人物。二戰期間他被徵召入伍，曾駐紮中國。那時美國支持中國國民黨對抗日本，李敦白則投奔毛澤東紅軍，戰後也留在中國。一九四〇年代，紅軍在陝西延安窯洞躲避國軍，另一名美國人安娜路易斯壯（Anna Louise Strong）訪問毛澤東，毛藉此機會稱西方是「紙老虎」，這詞彙被世界各地媒體廣泛引用。

色爾瑪曾帶兩個孩子去拜訪安娜路易斯壯。這美國人住在公園似的大院，以前曾是義大利使館。色爾瑪覺得這些「中國之友」政治觀點過於極端，和他們相處並不自在，她所信任的外國朋友稱這群人為「百分之兩百」，意思是這些人對共產黨支持之狂熱，比忠貞黨員還高一倍。

除了友誼賓館的人，色爾瑪還認識一些西方女性，包括來自芬蘭的艾爾蜜和來自法國的潔曼（Germaine），她們和她一樣，都有中國丈夫，住在北京的華人區。

佛斯先生常在信中問起荷蘭女子寶莉（Pauli），她丈夫是流行病學家，就職的研究所處理感染性病原，因此他們住處必須遠離北京市區。或許對佛斯先生來說，有個荷蘭女子離他女兒不遠，是一種心理上的安慰，但這兩個女人實在相處不來。有一次色爾瑪信中回覆父親詢問：「以前我們經常約週六下午在麵包店碰面，但最近我太忙，她的電話又壞了，可她每週都會進城，總能給我打通電話吧。我很忙，沒空追著她跑，我只和努力定期聯絡的熟人往來。」

麵包店是色爾瑪必定造訪的重要地點。這裡就像友誼賓館的商店，販售不需票券就能購買的商品，只有獲得外交部引介的人能在此購物。色爾瑪只有一張中國身分證，但還是設法獲得引介。麵包店位在一棟普通住宅的一樓，起居室佈置成商店，只供附近外國大使館僱員使用。店裡有兩名女服務生，站在玻璃櫥窗後，出售麵包、糕點和乳酪。店內有幾副小桌椅供顧客使用。她喜歡在這裡和朋友喝茶吃蛋糕，全北京唯有這裡能讓她放鬆，至於其他地方，若非過於繁忙，就是根本沒什麼可買。色爾瑪最後一次和寶莉在麵包店碰面，寶莉曾說她想回荷蘭，色爾瑪在信中寫道：「這幾年她一直想離開。她受不了。她向來對這裡感覺很差。再說，她丈夫是個白痴。好吧，她回荷蘭肯定比在這裡好過。」

話雖如此，寶莉想回荷蘭對色爾瑪來說並非好消息。寶莉顯然因為飢荒持續才想離開，而她和她丈夫都有荷蘭護照，離開不是問題。好在色爾瑪也有好消息可以告訴父親。她說，她曾短暫在新華社擔任校對，結識在編輯部工作多年的美國人艾琳諾（Eleanor）。一九五〇年代初期，艾琳諾在在波蘭結識她日後的丈夫，陪他回到中國，但婚姻沒有持續多久。他們分開後，艾琳諾分到新華社宿舍的一間小公寓。色爾瑪高興寫道：「她也很愛貓，還喜歡音樂，喜歡讀書。她也懷念薑味奶油蛋糕、無酵餅和甜麵餅。我們甚至同年紀。不過她離婚了，沒小孩。她胖，我瘦。」

她們都沒有宗教信仰，但共同的猶太背景是兩人之間的牢固紐帶。增義與何麗都說，色爾瑪與猶太人相處總是特別愉快開朗，雖說他們自己很難理解身為猶太人到底是什麼感覺。

色爾瑪還寫道：「我們一起購物，原來我們品味也相似。但這不見得是好事。有一次我們分別買了同一雙鞋，後來艾琳諾把她那雙漆成黑色。不過多數時候這很不錯。我們要是看到什麼有趣的東西，就會叫另一個人也去看，這總是好的！」

前往明十三陵的夏日郊遊：色爾瑪（左）和艾琳諾（右）在十三陵翁仲虎頭旁合影，兩人都笑得很開心。

有一次新華社員工旅遊，前往明十三陵，色爾瑪和艾琳諾都去參加，增義與何麗也獲准同行。他們四人在守衛陵墓入口的石像生旁拍照，後來色爾瑪還把照片寄去荷蘭。一張照片上，增義、何麗和一個同行的中國女孩騎著一個馬翁仲。另一張照片上，色爾瑪和艾琳諾在駭人的翁仲虎頭旁擺姿勢，色爾瑪穿條紋夏裝，艾琳諾穿碎花裙，顯然兩人都很在意裝束優雅，且正如色爾瑪信中說明：「艾琳諾很注意美國時尚雜誌。」佛斯先生看到照片中她們笑得那麼開心，顯然是好朋友，可能以為女兒生活還算正常，中國情況沒那麼糟糕。佛斯先生可能也發現曹日昌沒和他們一起。色爾瑪信中說明，那天他和科學院的人去郊遊。

不過也有幾張照片上，艾琳諾看來有些困惑茫然，或許因為她處境艱難。她和色爾瑪一樣，已經入籍中國，也不指望回到反共運動如火如荼的美國。色爾瑪在信中要求佛斯先生寄衣物給艾琳諾。她說，她至少還有丈夫和兩個孩子，艾琳諾卻獨自受困中國，與西方世界任何人都不通音訊，情況實在令人心碎。

另一次去明十三陵的郊遊時，增義與何麗騎上駱駝翁仲。

馬翁仲上的何麗。

魏璐詩

一九六二新年將至，但曹日昌不在家，他要一月中旬才回來，色爾瑪決定帶孩子去拜訪朋友魏璐詩（Ruth Weiss）。魏璐詩是猶太裔奧地利人，比色爾瑪年長十二歲，一九五一年移居中國。她和色爾瑪另一個朋友艾琳諾一樣，已和中國丈夫離婚，有兩個十幾歲的兒子。增義與何麗很喜歡去魏璐詩家，總是能得到很多糖果。那個年代糖果供不應求，幾乎沒人有糖果可送人。

魏璐詩受僱於國營的外文出版社，住在出版社配給的寬敞公寓，離曹家不遠，搭公車很快能到。她向來不注意外表和公寓內部，那天和往常一樣，穿著不成形的長褲和一件類似夾克的外衣迎接他們。她的客廳也很隨意，被幾張扶手椅擺滿。色爾瑪只有和魏璐詩一起才說德語。魏璐詩的父母也死於納粹毒氣室，但她們從不談戰爭，至少何麗在旁時她們絕口不提，因為這孩子總能大概懂得談話內容。她們談論哪裡可以買到哪些東西，還有哪裡可以修鞋之類，實用話題無窮無盡。

她們也談工作。魏璐詩和北京許多外國人一樣，是「潤稿師」，專門修改潤色由中文翻譯成德文或英文的稿子。有時色爾瑪會談到，她在新華社只能用中國標準政治文本的英譯本來上課，她擔心學生因此無法學好英文，有時候會提出這一點，但中國同事甚至學生都會叫她閉嘴。他們認為外語不過是階級鬥爭的工具，色爾瑪則認為，就算是吧，但讓人理解你要說什麼，還是比較重要。

那天到了魏璐詩家，她兩個兒子懶得出來打招呼，增義就進去他們房間，最終說服他們一起玩紙牌。何麗不喜歡那兩個男孩，總是避免和他們相處，後來她才了解，他們是混血兒，沒有父親在身邊，一定經常遭人嘲笑辱罵，才養成那種疏離粗魯性格。他們無法依賴母親，因為魏璐詩經常在外工作，孩子都交給褓母，也沒有任何外國朋友。

魏璐詩一家三餐都在外文社食堂打發，她不在的時候，孩子們就自己去食堂，但她和居住在此的外國同事關係不佳，總在食堂裡背對他人而坐，這當然也無助於兩個孩子與人交誼。

一九三三年，希特勒上台，魏璐詩逃離維也納，但身為猶太人，她在歐洲任何地方都不安全，最後在朋友幫助下來到中國。她向來對中國很感興趣，在上海加入一個革命團體，結識共產新中國的重要人物——孫文遺孀宋慶齡，此後一直與宋慶齡保持聯絡。

魏璐詩在中國農村度過第二次世界大戰。她嫁給中國工程師，一九四五年陪同夫婿赴美做博士後研究。毛澤東掌權後，魏璐詩的丈夫決定留在美國，她於是帶著兩個兒子獨自返回中國。她過去結交革命人士，現在獲得「外國專家」稱號，享有許多特權，收入約有色爾瑪兩倍。她可以在中國境內旅行，還經常應邀到人民大會堂參加晚宴，每年十一慶典，天安門廣場看台都有她的保留位置。她支持黨的路線，但從不和色爾瑪談論政治，大約因為色爾瑪覺得這話題很無趣。事後看來，所有話題都是政治話題，任何陳述都可能是危險陳述。

魏璐詩在北京度過一生。她在二〇〇六年出版的自傳《歷史邊緣：我在中國的生活》(*Am Rande der Geschichte: Mein Leben in China*) 寫道：「色爾瑪是徹頭徹尾的個人主義者，無法從不同角度看待事情，總與同事、學生起爭執。」至於色爾瑪的人生結局，她說：「我認為，很大程度上，這是她自己的錯。」

傷別離與新朋友

色爾瑪已經好幾個月沒寫信給父親，終於轉向打字機時，她在信中說「之前心情不好」。她的美國朋友史密斯夫婦離開中國，此後再也不能在史密斯家快樂聚會，她傷心至極，但還試圖在信中輕描淡寫：「我送邦妮去機場，我們兩個都哭了。」

色爾瑪信中不曾解釋史密斯家離開的確切原因，但從他們遷往匈牙利，最後定居古巴看來，在俄羅斯與中國的意識形態衝突中，他們可能選擇站在莫斯科那一邊（匈牙利和古巴都是俄羅斯勢力範圍）。何麗也看到史密斯先生行李中有馬克思和列寧全集，顯然他不可能拋下那些書。

色爾瑪請父親寄生日賀卡到布達佩斯給史密斯太太，感謝她過去的協助。色爾瑪信中說明：「他們為我做了很多，真的不僅接收包裹而已。我永遠無法回報她。」

一九六三年一月，北京氣溫降至零下二十度，色爾瑪在沙發裡瑟縮發抖，寫信給佛斯先生：「一陣大風吹來，都能把人吹倒。我們屋內溫度總無法高過華氏五十八度，也就是攝氏十三度。我們只好把所有毛衣都穿在身上……一件疊一件。」

天氣固然寒凍，她信中卻充滿希望。她不再提到食物短缺問題。大躍進已經結束，農民可以全力投入農業生產，商店存貨情況也改善了。去年大部分時間裡，學校師生都因飢餓虛弱無力，只上半天課，現在增義、何麗又恢復整天上課。報紙絕不敢把先前苦難歸咎於毛澤東，卻說北方有乾旱，南方有洪水，再加上俄羅斯人要求中國立即清償巨額債務，才會釀成食物短缺。

色爾瑪想忘記悲傷，至少現在有些愉快事情訴說：她工作的新華社邀請所有外籍教師及配偶參加西方新年晚宴。她在信中熱情寫道：「宴會很成功。」曹日昌與她一同出席，兩人都「只喝葡萄酒，而且喝得很節制，但其他許多人喝了伏特加。我真笑得不行了。」她形容外國同事跌跌撞撞跑進廁所，中國領導乾脆躺在沙發，不想回家了，不過還是被司機「扔進他們各自車裡」。據說當時情景被當成愉快的八卦，傳了整整一週。

那之後就是新華社的春節聯歡會，是數年飢荒後首度舉辦的慶祝活動。他們全家都受邀前去，凌晨一點才回到家。色爾瑪信中說：「我跳舞，昌打撞球，孩子們到處亂跑。何麗贏了一套漂亮的洋娃娃浴室組。」

之後就得準備迎接拜年訪客，這也是一年當中唯一可以安心接待訪客的時候。一連幾天，科學院心理所的研究員及其他人員絡繹不絕，帶來新鮮水果、糖果和餅乾，曹日昌則以茶水甜點款客。平常色爾瑪嚴格要求所有人入內必須脫鞋，但此時訪客太多，她照顧不暇，訪客們便穿著冬靴踩上地毯。男人個個都抽菸，漫不經心將煙灰抖落地板，色爾瑪大為驚恐，拿著吸塵器在屋內四處奔波。

佛斯先生回信詢問色爾瑪，是否需要寄送什麼東西，色爾瑪愉快回答，他們還穿著上次寄來的衣服，且中國情況已經好轉，當地買東西已不成問題，柯莉不必再為他們向親友詢要二手物品，不過增義長得很快，可以給他準備一條長褲。現在色爾瑪向父親要的是她渴望已久的美食：咖啡、荷蘭卓斯特巧克力、罐裝鯡魚、肝醬和黑線鱈魚肝等，此外孩子們想要荷蘭甘草糖。

史密斯夫婦離開後，色爾瑪交了新朋友，來自澳洲的莫里斯夫婦（David & Bernice Morris），他們育有兩子，也住友誼賓館，可以替她接收荷蘭寄來的包裹。莫里斯先生在北京科技大學任教，莫里斯太太是《中國建設》（*China Reconstructs*）雜誌的編輯。日後莫里斯太太在自傳《字裡行間》（*Between the Lines*）提到，當年他們因為彼得羅夫間諜事件（Petrov affair）不得不離開澳洲。

俄羅斯人彼得羅夫夫婦（Vladimir and Evdokia Petrov）肩負蘇聯大使館的秘密任務，於一九五〇年代初期前往澳洲首都坎培拉。史達林死後，彼得羅夫擔心他返回蘇聯會遭處決（當時美其名曰淨化），在沒有告知妻子的情況下叛逃到澳洲情報部門。此事一出，旋即有一架載有蘇聯特工的專機從莫斯科飛來，要接走他的妻子。一名新聞攝影師在雪梨機場拍到彼得羅夫夫人被兩名蘇聯特工拽向飛機，她掉了一支紅色高跟鞋，但特工沒讓她撿鞋子。澳洲人在新聞中看到，彼得羅夫夫人一腳只著長襪，被強行拖走，這丟失的紅色高跟鞋於是成為事件象徵。

數小時後，那架蘇聯專機在達爾文落地加油。澳洲總理孟席斯（Robert Menzies）下令將彼得羅夫夫人帶下飛機，這對夫婦得以重聚，並公開表示，他們準備揭露蘇聯間諜網，以換取定居澳洲的許可。他們提到工程師大衛．莫里斯其人，自一九三〇年以來一直是澳洲共產黨成員，專門研究軍用坦克。莫里斯被約談，但並未被起訴。根據莫里斯太太的說法，莫里斯被列入黑名單，因而遭到解雇，他也不考慮從事其他工作。他們家經濟等於毀了，後來受一名共產黨朋友協助遷往中國。

色爾瑪喜歡莫里斯夫婦，但與他們的交情始終不比不上史密斯家。莫里斯夫婦本身問題重重，無法在中國安居，莫里斯太太尤其飽受思鄉之苦。他們兩個兒子舉止粗野，在友誼賓館屢遭抱怨，他們只好聘請一名中國家教來管束男孩。新的政治發展也壓垮莫里斯先生。他深深信仰國際社會主義的天堂，無法接受蘇聯和中國的分歧。

「中俄兩國決裂是他一生最糟經歷。」莫里斯太太日後寫道。

經過多年飢荒，色爾瑪無意再談政治。她有許多時間和一位來自哥斯大黎加的新同事黎娜（Lena）相處。她語言天賦極高，短短數週就從黎娜學會西班牙語。黎娜當過美髮師，給色爾瑪剪了時尚的短髮，還用啤酒瓶來強化她頭髮捲度。在黎娜建議下，色爾瑪買了一副新眼鏡，開始戴時髦的帽子。黎娜還告訴她，除了塗口紅，還要搽眼影。

家裡也正在翻新。現在孩子們作業很多，需要各自的空間，於是將以前院子裡秀英的房間整頓給增義。他們在那房間安上一扇窗，色爾瑪縫製黃色窗簾和相襯的床罩，還給增義添一張桌子。他們在何麗房間安置一張凳子，上有粉紅色坐墊，就放在她的沙發床旁邊。她還有粉紅色的窗簾和梳妝台，擺滿來自荷蘭的禮物。

飢荒過後，色爾瑪重拾力量，決定要教兩個孩子英文。增義的學校只教俄文，讓她很不滿意，畢竟增義出生在劍橋。她給佛斯先生的信中解釋為何請他寄英文課本：「我們這裡也有英文教材，但書的開頭是，『我愛毛主席』，然後是『我要建設革命』。同意歸同意，但我希望孩子到了英國，有能力開口點杯茶。」

邀請父親

中國情況好轉，色爾瑪不再忙於張羅日常，開始夢想回荷蘭度假，但她獲得出國許可的機會微乎其微。她很想念父親，也很難過孩子們不認識荷蘭的外祖父，於是想出一個計畫。一九六三年初某個寒夜，她在信中寫道：

親愛的父親和柯莉：首先我要提出一個驚人計畫，請你們坐下來好好考慮。昌建議今年夏天邀請父親從英國南安普敦搭船到香港。昌會到邊境接你。之後你們可以乘火車北上，經過廣州、上海到北京，這要三天時間。

佛斯先生大概非常吃驚。他不會外語，怎麼去中國旅遊？他曾和柯莉去過瑞士幾次，每次都取道法國，因為他無論如何不想履足德國，但他沒去過比這更遠的地方。現在要他獨自到英國搭船前往香港，從香港越過邊境進入中國，而他女婿會在那邊等著接他？

他表達這些憂慮，色爾瑪於是提出替代方案，建議他搭乘開往天津的荷蘭貨船，缺點是航程較長，但搭乘小船比較有趣，且在荷蘭船上也沒有語言問題。「你同意的話，我們全家都能去天津接你。你會收到正式邀請，中國簽證不是問題。不過你得考慮此行要花上六個月。」色爾瑪好像以為她父親是單身男子，鎖上屋門就能上路遠行。佛斯先生雖已退休，可還有妻小要照顧。

關於繼母柯莉，色爾瑪寫道：「我們更希望外祖父母都能來，但恐怕柯莉就像我一樣，不願意離開孩子。所以我想先只討論爸爸來訪的事。」這重顧慮很合理，畢竟柯莉要照顧三個孩子，而且她才剛重建身心，狀況並不穩固，自己也需人照料。

色爾瑪詢問佛斯先生能否支付去程費用。她解釋說，她和曹日昌有足夠存款，但都是人民幣，不能輕易兌換成西方貨幣。只要佛斯先生到了中國，停留期間一切用度及回程旅費，他們都能負擔。她還讓增義用中文寫信給外祖父，她另外附上荷文翻譯：

親愛的姥爺：

您好！近來您的身體很好嗎？寄來的包裹已經收到了，我也得到了我的收音機，我很高興，第二天我就把它裝配好了，晚上試聽的時候，聲音很好，比我們家裡的五燈收音機

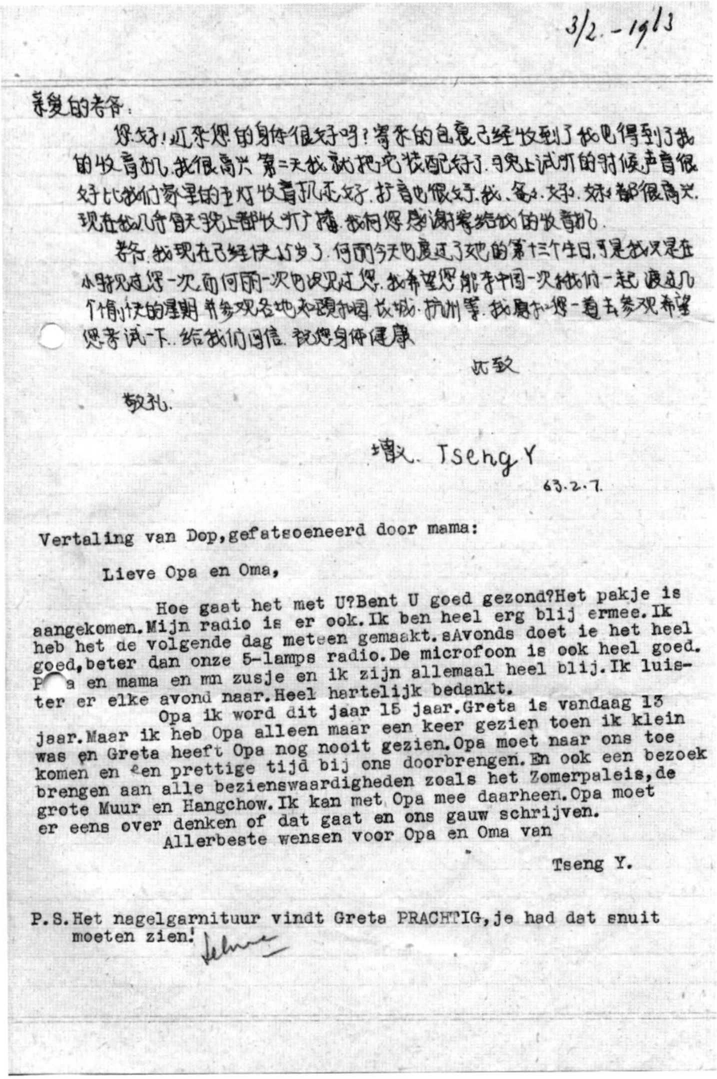

3/2.-1963

亲爱的老爷：

您好！近来您的身体很好吗？寄来的包裹已经收到了我也得到了我的收音机。我很高兴第二天我就把它装配好了。晚上试听的时候声音很好比我们家里的五灯收音机还好。扩音也很好。我、爸爸、妈妈、妹妹都很高兴。现在我几乎每天晚上都收听广播。我向您感谢寄给我的收音机。

老爷，我现在已经快15岁了。何丽今天也度过了她的第十三个生日，可是我只是在小时见过您一次，而何丽一次也没见过您。我希望您能来中国一次和我们一起渡过几个愉快的星期并参观各地和颐和园、长城、杭州等。我愿和您一道去参观。希望您考虑一下。给我们回信。祝您身体健康

此致

敬礼。

增义. Tseng Y

63.2.7.

Vertaling van Dop,gefatsoeneerd door mama:

Lieve Opa en Oma,

Hoe gaat het met U?Bent U goed gezond?Het pakje is aangekomen.Mijn radio is er ook.Ik ben heel erg blij ermee.Ik heb het de volgende dag meteen gemaakt.sAvonds doet ie het heel goed,beter dan onze 5-lamps radio.De microfoon is ook heel goed. P[illegible]a en mama en mn zusje en ik zijn allemaal heel blij.Ik luister er elke avond naar.Heel hartelijk bedankt.

Opa ik word dit jaar 15 jaar.Greta is vandaag 13 jaar.Maar ik heb Opa alleen maar een keer gezien toen ik klein was en Greta heeft Opa nog nooit gezien.Opa moet naar ons toe komen en een prettige tijd bij ons doorbrengen.En ook een bezoek brengen aan alle bezienswaardigheden zoals het Zomerpaleis,de grote Muur en Hangchow.Ik kan met Opa mee daarheen.Opa moet er eens over denken of dat gaat en ons gauw schrijven.

Allerbeste wensen voor Opa en Oma van

Tseng Y.

P.S.Het nagelgarnituur vindt Greta PRACHTIG,je had dat snuit moeten zien!

增義寫給祖父的中文信，下方是色爾瑪的荷文翻譯，開頭說明「增義的信，由媽媽翻譯潤飾」，末尾附記：「何麗覺得美甲組太好了，看她那小臉蛋高興的。」

還好，擴音也很好，我、爸爸、媽媽和妹妹都很高興。現在我幾乎每天晚上都收聽廣播，我向您感謝寄給我的收音機。

姥爺，我現在已經快十五歲了，何麗今天也度過了她的第十三個生日，可是我只是在小時見過您一次，而何麗一次也沒見過您，我希望您能來中國一次，和我們一起度過幾個愉快的星期，並參觀各地如頤和園、長城、杭州等，我願和您一道去參觀，希望您考慮一下，給我們回信。祝您身體健康。此致

敬禮

增義 Tseng Y

63.2.7

當年佛斯先生同意色爾瑪去英國念書，也不反對她嫁給中國人，增義才三個月大的時候，她要去香港，他依舊沒有阻止。這段時間以來，他在蜂巢百貨公司（De Bijenkorf）買齊女兒需要的一切物品。他從不拒絕女兒的要求，現在他不得不提出異議。

他提醒色爾瑪，他已經六十九歲，「太老了，不能這麼長程旅行」。他也不能把柯莉一個人丟著。此外還有林林總總不便成行的理由。不過色爾瑪立刻提出解決方案。她說所

有來訪的外國父母都和佛斯先生年齡相當：「爸爸，這不一定會花六個月。我們送你搭飛機回去。搭圖波列夫只要三天，還不錯。」

佛斯先生又問，他不在的時候，柯莉要是收到稅務局的信件怎麼辦？色爾瑪認為這不成問題：「一旦確定啟程和回程，不就知道可能收到哪些稅務信件，可以把辦理方式寫下來給她了嗎？」

那時正值冷戰巔峰，佛斯先生預期會遇上政治問題，這一點倒讓色爾瑪難以反駁。一九五六年，俄羅斯協助弭平匈牙利革命，反共浪潮席捲荷蘭。在阿姆斯特丹，荷蘭共產黨大報《真相》（*De Waarheid*）總部遭到襲擊，販售中文宣傳雜誌的飛馬書店（Pegasus）也被砸了櫥窗，富裕的阿姆斯特丹南郊原有史達林大街（Stalinlaan），現在更名自由大街（Vrijheidslaan），西方人擔心亞洲國家恐怕會像骨牌般一個個倒下，全都變成共產國家，而中國在此間扮演煽動者的角色。在那之前一年，中印邊界發生衝突，中蘇邊界也爆發小規模衝突。如今法國人在越南的角色為美國人取代，中國牽涉其中，可能還會加劇緊張態勢。佛斯先生說，他不想被關入集中營，色爾瑪回答：「中國是社會主義國家，不是法西斯國家。中國沒有集中營。」

遺憾的是，在這件事上，她終究是錯了。

佛斯先生無法反駁色爾瑪。他女兒想念他，他非去中國不可，而且色爾瑪說現在是最佳時機。飢荒過去了，佛斯先生健康無虞，柯莉至少目前算是康復。但一切都可能改變，且有些事情確實已經變卦。

色爾瑪原本承諾佛斯先生會收到心理所的邀請，但此行既是私人事務，邀請自然不成，如此一來，佛斯先生能否和女兒待在一起都成問題。色爾瑪解釋，他們沒有客房，要邀請外國人入住私宅，都必須獲得上級批准，以免沒有客房這一點給人留下不好的印象。她信中說：「昌打算讓你住不遠的一家飯店，但我想讓增義暫住鄰居家，你就可以睡他的床。好，總之我們會解決。」

為了給佛斯先生打氣，色爾瑪寄去一本英文版北京旅遊指南，在書中一張地圖上標出他們住處、增義與何麗的學校、曹日昌任職的心理學研究所，以及她工作的新華社。她還標出他將會造訪的景點。佛斯先生收到書後，小心翼翼用塑膠套保護起來。

心理所不能發送邀請，佛斯先生得自行前往海牙的中國代辦處申請簽證。色爾瑪在信中建議，「帶上護照和極大的耐心」去中國代辦處。她以全大寫字母強調「極大的耐心」，並說這出自她個人親身經驗：「告訴他們，你想去看望女兒女婿。他們發給簽證之前，通常會向北京詢問消息。小心別被他們給逼瘋。劍及履及的中國人都還沒出生呢。」後來佛

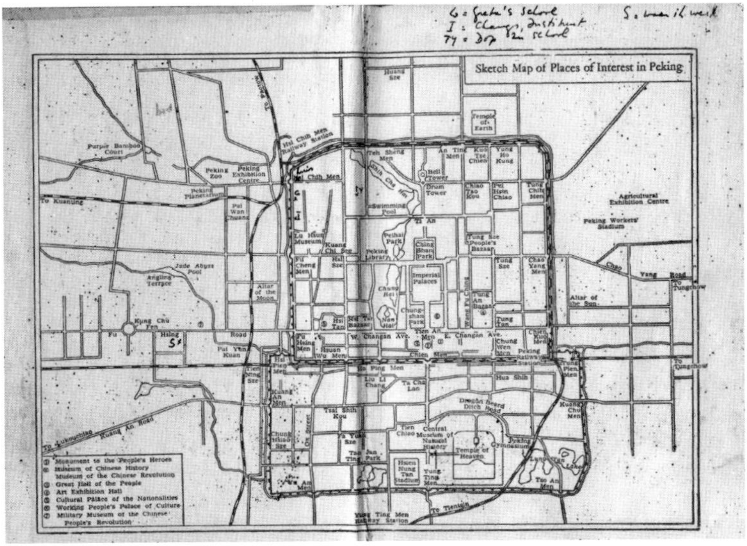

色爾瑪寄給父親的《北京旅遊指南》（*Peking: A Tourist Guide*）的封面裡地圖。色爾瑪在圖上標出何麗的學校（G）和增義的學校（TY）、心理所（I）和她自己的上班地點（S），曹家所在位置以 X 標示，加註 thuis（家）。

斯先生來信抱怨，說中國代辦把他當球踢，色爾瑪回覆：「之前就說過了，中國人只有想給人留下好印象時才會加快動作。這是封建遺跡。」

色爾瑪得知貨船「下埃姆號」（*Neder Eems*）即將由鹿特丹啟航前往上海。她認為她父親會喜歡海上航行，佛斯先生卻認為這太花時間，寧願搭乘飛機。他在一家旅行社打聽到，俄羅斯航空每週有兩個航班由莫斯科飛往北京，不過色爾瑪提醒他：「理論上如此，但是不是真的會飛，還是取決於天氣。為了預防你被困在莫斯科，記得要帶上荷蘭使館的聯絡地址。也有可能在莫斯科和北京之間出問題。昌就在烏蘭巴托被困過三天。」

但總之佛斯先生決定冒這個險。收到回信時，色爾瑪在家裡高興大叫：「他要來了！他要來了！」

佛斯來訪

一九六三年七月八日，佛斯先生搭乘的圖波列夫飛機抵達北京。那天增義沒辦法向學校請假，色爾瑪和曹日昌帶何麗去接機。飛機降落後，一群中國年輕女子首先下機，她們之前去莫斯科參加一場國際會議，現在受到婦女協會成員夾道歡迎。佛斯先生最後一個下機。他戴著黑框厚片眼鏡，讓人聯想睿智的貓頭鷹。若非他身高一米九〇，看來還真像美國導演伍迪·艾倫。

色爾瑪克制不住，跑上前去。她勾著父親頸項，緊摟親吻父親臉頰，在他臉上留下口紅印，激動情緒讓何麗頗為驚訝，曹日昌則平靜握著岳父的手。色爾瑪和佛斯先生熱烈交談，曹日昌領大家走向等在機場前的黑色轎車。司機開車載他們回家，增義在院門外等著，歡迎外祖父到訪。佛斯先生跟著走過內院，穿過昏暗甬道，來到曹家。在這之前，色爾瑪把家裡每個角落都擦洗得閃閃發亮，連天花板都用濕布擦過。佛斯先生環視周遭，認得這就是他女兒信中描述的地方。家裡的寶貝貓咪穆蒙洗過澡，毛白得發亮。

The Chinese women's delegation, returning to Peking after taking part in the Moscow World Congress of Women, was warmly welcomed at the Peking airport on July 8. Second from left, front row: Yang Yun-yu, leader of the delegation; third from left: Deputy leader, Kuo Chien; first from right: Tsai Chang, President of the National Women's Federation of the People's Republic of China; first from left: Teng Ying-chao, Vice-President of the National Women's Federation
Met deze dames zat ik in het vliegtuig van Moskou tot Peking
Wij d.w.z. Selma, Chang, Greetje en ik, lopen hier achter deze dames.

佛斯先生有一本北京行的剪貼簿，中有一張中華全國婦女聯合會自莫斯科返國的新聞簡報。佛斯先生在頁邊寫著：「我和這些女士們一起搭機從莫斯科飛到北京。我們，就是色爾瑪、昌、小何麗和我，我走在這些女士後面。」

色爾瑪一家決定讓佛斯先生住在家裡。曹日昌的研究所提供一張加長的床，足夠佛斯先生躺平。他們把這張床放在何麗房間，晚上何麗和色爾瑪一起睡，曹日昌在增義房間加了一張簡便的單人床，他就在那裡將就。

佛斯先生長途跋涉，本該讓他休息幾天，但父女兩個一直聊個沒完。色爾瑪有很多話想說，也有很多話想問，曹日昌明白妻子心思，始終不來打擾，而且他們說個不停，家裡另外三人都插不上話。

等到這對父女終於談話告一段落，增義給佛斯先生看他組裝的飛利浦先鋒接收器，展示收音機傳輸音樂的效果。佛斯先生想必注意到增義很像他，不只身材高大像他，大腳和深思熟慮的天性也像他。

何麗刻意維持一點距離，觀察她母親和外祖父。外祖父看來很不尋常，好像沒什麼事能吸引他的注意，而她媽媽眼裡只有他。

佛斯先生本來一直擔心，此地飲食可能會像印尼菜那樣加許多胡椒粉，好在新來的管家孫阿姨做了她最拿手的肉炒麵和蒸包子，讓他大鬆一口氣。原來北京菜不太辣。增義教他怎麼用筷子，隔壁熊家小女兒好奇跑來，佛斯先生被這膽怯女娃逗樂，叫她小螞蚱。

色爾瑪帶她父親去參觀明黃琉璃瓦的紫禁城和奇妙的公園。他們漫步穿過新擴建的天安門廣場，參觀天壇。逛北海公園的時候，曹日昌帶他們去湖畔知名的仿膳飯莊。心理所原本要提供招待資金，曹日昌沒有接受。他是忠實黨員，覺得不該拿私人事務向所裡開銷。不過他還是透過研究所向仿膳飯莊預約訂位，只有高級官員才有此特權。

他們一家在仿膳飯莊預定的座位設在金色圓柱之間，金漆雕刻的拱門下。飯莊名為仿膳，菜餚自然源自過去的御膳房。服務生殷勤端來炸鰻魚，接著又上鮑魚紅燒肉和種種鮮美貝類，最後一道大菜是脆皮鱸魚，用了整尾淡水鱸魚，特製醬料風味特殊，烤得酥脆。

曹日昌也想讓岳父看看北京的西餐。他們造訪莫斯科餐廳，這餐廳建於中蘇兩國友誼深厚時期，門口有大理石迎賓仙子雕像，寬廣餐廳鋪設鑲木地板，裡頭燈火輝煌，雕刻精美的柱子支撐天花板。一家人坐在閃亮的水晶吊燈下，以湯匙、刀叉享用羅宋湯和基輔烤雞，自覺彷彿到沙皇皇宮做客。

一個炎熱的七月早晨，他們全家坐心理所的車出城去頤和園。佛斯先生、曹日昌和增義都穿短褲，色爾瑪身穿藍白條紋連身裙，搭配飾以花朵的帽子，一如往常帶著白手套，相當搶眼。何麗喜歡穿長褲，但色爾瑪為拍照效果著想，強迫她穿裙子，讓她有些尷尬。

一家人在數十名遊客好奇注視下來到仁壽殿。曹日昌解釋昔日此殿用途，色爾瑪翻譯成荷語：夏天皇帝駐蹕頤和園，就在這裡辦事見人，也接見外國使節。他們從這裡順一條小路來到他們一家週日經常造訪的昆明湖畔。平時到此，總是霧氣氤氳，那天格外晴朗，湖源玉泉山清晰可見，東南方可見友誼賓館，綠色屋頂極為醒目。

色爾瑪告訴父親，以前慈禧太后愛住頤和園，總為太監宮女簇擁。曹日昌則強調，幸而帝制已成過去。孩子們也能就此議論兩句。他們知道末代皇帝溥儀如今是個普通公民，就住在何麗學校旁邊，他們經常看到他騎自行車。說著說著，孩子們開始感到不舒服了，因為其他遊客都盯著他們看。今天有佛斯先生在，路人眼光比平時更加肆無忌憚。

曹日昌帶全家登上一艘遊湖小船。操船婦女黝黑強壯，身著棉質毛裝，將船划向湖心，現在總算沒人盯著他們看，大家可以安靜欣賞頤和園著名景點——十七孔橋、玉帶橋，還有慈禧太后乘涼的湖上石舫。

日光已高，天氣和暖，大家都餓了。曹日昌為此早有預備，在聽鸝館飯莊訂妥座位。這裡背山面湖，本是慈禧太后看戲用膳處，有好幾處壽膳房，他們被安排在其中一個圍牆破敗的院落，與外界隔著好幾道門，清幽涼爽，正好安靜享用曹日昌點的眾多菜餚，佛斯先生也已經習慣筷子，用餐很是自在。餐後他們在昆明湖畔合影留念——以湖為背景，照片裡才不會出現不請自來的好奇面孔。

從照片看來，全家最自在的是曹日昌。他身著短褲，手裡拿著帽子，輕鬆得彷彿才剛打完網球，想來他對此番招待岳父感到滿意。增義和何麗都站得筆直，盡力想給人留下好印象，顯得有些僵硬，也看得出何麗不喜歡穿裙子。色爾瑪戴著花邊帽和白手套，好像要去赴劍橋午茶之約。佛斯先生是客人，站在畫面中央，頭上一頂帽子狀如煎餅，臉色頗為嚴肅。想來他已經意識到女兒處境艱難。她甚至沒有離開北京去附近鄉村住幾天的自由，凡事都得徵求許可，她和朋友一切聯絡都得向上匯報。後來佛斯先生告訴荷蘭妻兒，說他逗留中國期間感覺非常壓抑。

去海邊度假是佛斯先生此行高潮。色爾瑪設法訂到新華社的北戴河別墅，有一間漂亮溫室，還有一個小房間，充當曹日昌和增義的臥室。當時拍的照片可見佛斯先生穿著網狀背心，嘴角叼著香菸，一派輕鬆坐在花園。另一張照片裡，曹日昌和色爾瑪一起坐在露台上的大籐椅裡。

佛斯先生搭著增義肩膀的照片攝於船上。

一九六三年佛斯先生造訪北京，與女兒女婿和兩個外孫在頤和園昆明湖畔合影。

佛斯先生在北戴河別墅留影。

色爾瑪與兩個孩子在北戴河別墅前合影，後方露台上是曹日昌。

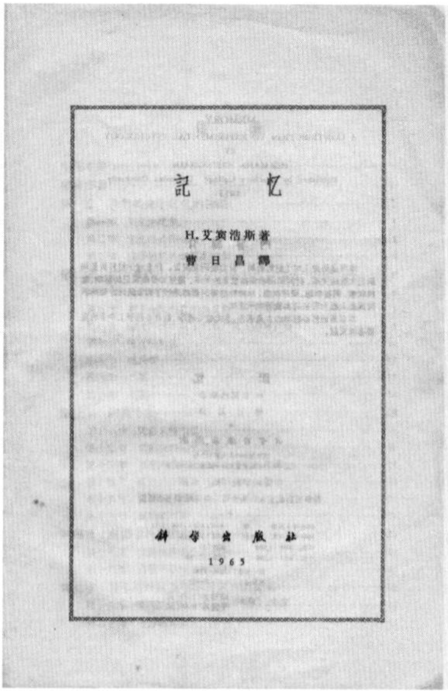

記　　忆

H. 艾賓浩斯著

曹 日 昌 譯

科 學 出 版 社

1965

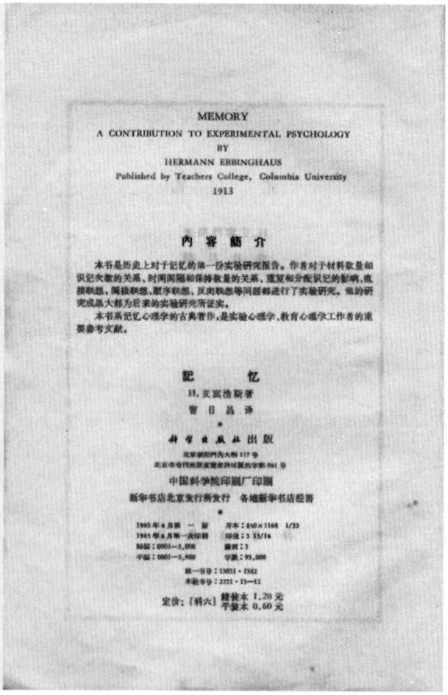

MEMORY

A CONTRIBUTION TO EXPERIMENTAL PSYCHOLOGY

BY

HERMANN EBBINGHAUS

Published by Teachers College, Columbia University

1913

內 容 簡 介

本书是历史上对于记忆的第一份实验研究报告。作者对于材料数量和识记次数的关系、时间间隔和保持数量的关系、重复和分配识记的影响、直接联想、间接联想、顺序联想、反向联想等问题都进行了实验研究。他的研究成果大都为后来的实验研究所证实。

本书系记忆心理学的古典著作，是实验心理学、教育心理学工作者的重要参考文献。

記　　忆

H. 艾賓浩斯著

曹 日 昌 译

科 學 出 版 社 出版

北京朝阳門內大街117号

北京市书刊出版业营业许可证出字第061号

中国科学院印刷厂印刷

新华书店北京发行所发行　各地新华书店经售

1965年6月第一版　开本：850×1168 1/32

1965年6月第一次印刷　印张：3 13/16

精装：0001—2,000　插页：3

平装：0001—3,900　字数：95,000

统一书号：13031·2182

本社书号：2221·13—11

定价：[科六] 精装本 1.20 元　平装本 0.60 元

當時曹日昌正忙於翻譯德國心理學家艾賓浩斯的著作《記憶》。本書德文原本出版於一八八五年，一九一三年英譯本在美國出版，曹日昌的中文譯本出版於一九六五年。

照片看來如此，實則佛斯先生歸國後告訴荷蘭家人，北戴河和他們經常度假的南荷蘭卡特維克（Katwijk）不同。他曾在卡特維克乘漁船出海，但這在海禁嚴格的中國絕無可能。佛斯先生給兒子們一艘小船，假期間他們可以自由徜徉菲士蘭眾多湖泊，這在中國也不可能。凡事都受監管，連游泳都僅限特定地方。

曹日昌試圖讓佛斯先生看到毛澤東時代新中國積極的一面。後來他還在給佛斯的信中重申論點：「中國生活水平依舊很低，但沒有剝削和失業威脅，每個人都生活在理想當中，中國傳統以為人生當懷鴻鵠遠志，不應求田問舍，正是這個意思。」

不論在北戴河或北京，佛斯總覺得背後有目光，那感覺彷彿回到二戰期間。他因此改變計劃，沒在中國停留三個月。八月二十八日，也就是抵達中國七週後，他再次搭上俄羅斯航空的班機。那天色爾瑪淚流滿面，是增義與何麗第一次見到。他離去隔天，色爾瑪在信中寫道：

> 我第一個發現你坐在機翼上方的窗戶後面。你知道我怎麼發現的嗎？因為你那件亮白色的尼龍襯衫！爸爸，你有沒有注意到為什麼遲了十五分鐘才起飛？因為有乘客忘了一個袋子，被人小跑著送上來。飛機起飛升空，完全看不見了，我們才離開。從機場回家路上，

我哭濕一整條手帕，是你用的那種大手帕，整個被淚水浸濕了。我們一到家，何麗就把游泳裝備塞進袋子，二話不說，拉著我去泳池。後來回到家，孫阿姨看我沒胃口，立刻給我準備馬鈴薯泥水煮蛋。

返回荷蘭後，佛斯先生下定決心，再也不去中國了。他還說不會再搭乘俄羅斯航空。他搭的那班飛機離開北京後，要在俄羅斯西伯利亞西南部的鄂木斯克（Omsk）加油，卻因為起落架無法打開，在半空不停盤旋。飛機最後發出一聲巨響，在如山煙霧中降落，地面的救護車和消防車發出尖厲警報向他們衝來。

佛斯先生到家後沒幾日，一輛奇怪的黑色汽車出現在他們鄰居家門前，一停就是一個上午。中午左右兩個人從車裡出來，按響佛斯家門鈴，要求和佛斯先生單獨說話。那兩人是荷蘭特勤局（Algemene Inlichtingen- en Veiligheidsdienst, AIVD）幹員，來此了解佛斯先生中國之行。佛斯先生如實回答，並說正打算寫一部書詳述此番經歷，兩名幹員強烈建議他打消念頭。他們說，果真這麼做的話，恐怕嚴重危及他女兒在中國的安全。

佛斯先生的北京行剪貼簿大半是北京風景明信片，他按照明信片背面字樣，在剪貼簿上手寫註明景點。上圖是黑龍潭龍王廟，下圖為西黃寺。

外館祕書午餐

警衛仔細查看色爾瑪的證件。

「你找誰？」警衛簡短詢問，好像她沒來過一樣。她報上荷蘭代辦處祕書范霍夫（Yvonne van 't Hoff）的名字和門牌號碼。

警察拿著身分證走向小辦公室，打電話詢問對方是否正在等待這名訪客，確認過後他記下色爾瑪的詳細資料，還檢查她的皮包，打開她的口紅，翻開她的筆記本。色爾瑪覺得又熱又慌，手微微顫抖。最後警衛把身分證還給她，對她點頭。她終於穿過門禁界線，踏入外國外交人員和駐外記者居住的專區。一名管家在范霍夫家門口等著。

＊＊＊

佛斯先生抵達北京時，堅持要通知荷蘭代辦，他認為這樣更能確保他在中國的人身安全。長久以來，色爾瑪認為荷蘭代辦處混雜情報特工，一直避免與外館人員接觸，但多年過去，現在外館工作人員已經換過好幾批，她於是陪佛斯先生同去天安門廣場附近的舊使館區向荷蘭代辦報到。*這在當時有些突兀，因為鮮少有人不經預約便出現在外館，且一九六〇年發生饑荒以來，幾乎沒有荷蘭公民造訪中國，但他們還是獲得代辦處祕書施羅德（Tonny Schroder）親切接待。那時荷蘭國會正在討論修法，讓荷蘭婦女不因與外國人結婚而失去荷蘭國籍，佛斯先生於是順便提起色爾瑪的國籍問題，並獲得施羅德妥善回覆。佛斯先生離開後，色爾瑪還和施羅德維持聯絡，有時造訪她家。施羅德可以透過荷蘭使館在香港訂購英文書籍，通過外交郵局寄到北京，色爾瑪也向她借書。

日後施羅德回憶道，色爾瑪進出代辦處總被搜身，卻還是把書帶走，真是非常勇敢，畢竟中國當局認為「這些書是資本主義宣傳品」。

一九六三年底，施羅德結束工作返回荷蘭，色爾瑪與繼任的范特霍夫交上朋友。

---

* 荷蘭駐北京代辦處沿用前清荷蘭使館舊址，由荷蘭建築師庫柏斯（P. J. H. Cuypers）設計，阿姆斯特丹中央車站和荷蘭國家博物館都出自他的手筆。使館是新古典主義風格紅磚建築，有階梯式山牆和壯觀的露台，窗戶是荷蘭流行過的樣式，切割成小塊，還有常春藤蔓垂落窗邊。使館大門口有兩座白色石獅守護，裡面有一座大花園，附有游泳池和網球場。

一九六四年四月十日，色爾瑪在代辦處簽署一系列文件，要求恢復荷蘭公民身分。早先那可鄙的法律已經修改，現在她可以安心等待結果。

如今色爾瑪需要代辦處協助恢復國籍，不再試圖維持距離，代辦處也有此意願。范霍夫後來說：「上級告訴我，若能定期邀請色爾瑪到我家午餐，將不勝感激。後來兩年我每個月都邀請她來，總共二十四次。」

＊＊＊

色爾瑪每次到訪，管家都在門口接下她的外衣，客氣請她進門，領她去客廳。范霍夫記得她總是非常緊張，「汗流浹背，都擰得出水」。色爾瑪確實感到危險害怕，因為，眾所周知，外交人員的住宅都被竊聽。范霍夫也承認他們一直認為遭到竊聽。

話雖如此，她還是了解色爾瑪願意前來午餐的原因：「這對她來說等於郊遊，當然也因為她想講荷語，再說管家阿姨對她很友善，我家的廚子吳先生是北京一流廚師，她喜歡吳先生的菜，西式的肉類料理搭配蔬菜、蘋果派、印尼沙嗲飯等等，他熟悉那菜系，也記得色爾瑪愛吃什麼，只要找得到食材，下次她來還會為她準備同樣菜色。」

這每個月的午餐簡直就像超現實主義的戲劇作品。色爾瑪緊張來到，管家迎上，遞來飲料。等色爾瑪恢復鎮定，范霍夫也差不多請她上桌用餐。吳先生出來張羅開飯。兩個女人聊得非常熱絡。范霍夫說：「色爾瑪非常聰明，和她說話不會厭倦。」

色爾瑪會談論孩子，提起他們在校表現，但幾乎從不提起曹日昌。不過她確實曾經談到她工作時說話必須小心。范霍夫回憶：「不僅她教書的地方，在她住的地方也一樣。就像俗話說的，一跌倒滿街都知道。」

色爾瑪藉范霍夫家午餐暫時擺脫日常煩惱，享受相對安全且奢華的環境。但前來赴午餐約會還有一個原因：她曾向父親承諾，會與荷蘭領事館保持聯絡。

中國很神祕，范霍夫等荷蘭使館人員必須向外交部報告中國國情，但他們鮮能一窺中國普通人的生活，通常也無法自他們的中國僱員如管家和廚子打聽到什麼，反倒是這些中國人會將外國人家裡的一切報告給中國特工部門。日後范霍夫解釋，外交官在中國彷彿活在孤島，衣食用物都從香港進口，除了同事別無交遊。可以想見色爾瑪來訪讓他們受益匪淺。

范霍夫曾造訪曹家一次。儘管曹家比多數中國人家都奢華，還是令她震驚，畢竟她幾乎不曾與外交圈之外的人往來：「色爾瑪的生活太可怕了。住在這樣一個骯髒的大院，裡頭住滿各種各樣的中國家庭。這真是太令人難過了。她本可以待在香港，她丈夫在那裡有一份很好的工作。」

色爾瑪從不對孩子們談起午餐約會，不過曹日昌一定知道此事，色爾瑪這些活動不可能瞞得過他。當然他必須向上級報告這些，這可能置他自己於險地，但他顯然不曾反對過，否則色爾瑪肯定會與范霍夫斷絕往來。想來曹日昌心裡清楚，妻子急切想要恢復荷蘭國籍，難以拒絕這些午餐邀約。

表哥現身

英國芭蕾舞孃格蕾（Beryl Grey）主演的一齣芭蕾舞劇讓色爾瑪印象深刻。這是共產黨掌權以來，北京首次准許西方藝術家參與芭蕾舞表演，中國似乎正邁向開放，或者說，正邁向局部開放。不過表演令她難忘還有其他原因。後來她寫信給父親：

增義作業太多走不開，何麗陪我一起來。第一支舞時她對我耳語：「媽媽，我前面那個人在說荷語。」沒錯！那是荷蘭造船廠的三位主管，就坐在我們前面。我對他們說荷語的時候，他們張大了嘴。他們其中一人來自阿姆斯特丹，姓范馬勒（Van Marle），另兩人分別來自多德雷赫（Dordrecht）和席丹（Schieldam）。

色爾瑪和他們聊天，說她父親住在桑普特，將滿七十歲了。他們問她，要不要幫她帶什麼東西回去。第二天她就送去一張生日卡，這三人承諾一到荷蘭就立刻寄出。後來佛斯先生告訴色爾瑪，他生日那天有一名造船商來訪，帶著她的賀卡和七十朵鬱金香。色爾瑪深受感動，回信說她事前對送鬱金香一事一無所知，「做夢也想像不到」。

突然之間，似乎有許多荷蘭人往來中國。一位有印尼華人背景的鄧先生打電話給色爾瑪，說一個同事托他帶來她父親的包裹，不知可否過訪？

後來色爾瑪寫給佛斯先生，說明事情經過：

因此我趕快煮咖啡，打開你給我的鳳梨罐頭。不久後他到了，還向我提起與他同住一家旅館的荷蘭記者。巧的是，那天早上，增義在報上看到一名荷蘭記者採訪我們外交部長陳毅的報導，那荷蘭名字被譯成中文，我認不出來。於是我問鄧先生，這位荷蘭記者是誰？他從口袋拿出荷蘭記者的名片，念出地址和名字：里歐．克拉茨（Leo Klatser）。我驚呆了，因為荷蘭不太可能還有人叫這個名字。於是鄧先生回到旅館，找到克拉茨，告訴他：「嘿，你在北京有個表親。」半小時後，有人來電自稱克拉茨，他說：「你一定是我赫麗葉阿姨的女兒！」

克拉茨與佛斯兩家少有聯絡，色爾瑪上次見到里歐是一九三四年的事了。里歐之前就聽說色爾瑪嫁給中國人，但以為她還住在香港。過去三年裡，他不斷向中國駐海牙代辦處申請簽證，終於成為饑荒和大躍進後首位獲得入境許可的荷蘭記者。《自由荷蘭》（*Vrij Nederland*）雜誌記者康奈利森（Igor Cornelissen）後來這樣形容克拉茨：「里歐身上有一種戰前阿姆斯特丹猶太人的溫暖魅力。現在少有人像他這麼有故事。不執著於絕對真理的人，必然樂於傾聽他的意見，因為他非常有趣。」

色爾瑪信中形容克拉茨來訪情景：

> 我們剛吃過晚飯，有個奇怪的人走進門來，握著我的手說「哈囉」。我們談話許久，增義和何麗禮貌在旁，認真聽著看著。他們喊他舅舅。里歐今年四十七歲，已婚無子。他的妻子也工作，是生化學家或類似學門。他以自由記者身分環遊世界，來這裡為荷蘭《商報》（*Handelsblad*）撰寫關於中國的文章。

院裡光線昏暗，階梯又多，克拉茨差點摔倒，幾乎釀成事故。色爾瑪拿出美味點心款客，克拉茨打開話匣子，說起西班牙內戰期間，擔任戰地攝影師的往事，二戰期間他還參加反抗運動，被德軍俘虜，送往德國布恆瓦德（Buchenwald）集中營，色爾瑪則談起她生活經歷。

一個晚上太過短暫，無法盡訴。

克拉茨和妻子住在阿姆斯特丹中心一間閣樓寓所，每日都有詩人、作家、藝術家出入，他提到的名字色爾瑪都曾在《綠色阿姆斯特丹人》讀到過。阿姆斯特丹市立博物館的開幕展覽上，克拉茨和幾個朋友發生爭吵，警察因此來了，這讓旁聽的增義與何麗感到震驚，他們里歐舅舅不禁大笑起來。不過對孩子們來說，舅舅說打算買車才是奇怪，他們都懷疑舅舅講話是否可靠。後來克拉茨告訴妻子，孩子們不相信他能買車。「在中國，普通人不可能擁有汽車。怎麼說他們都不明白，看來是被洗腦了。」

克拉茨告訴妻子，與色爾瑪見面是他中國行最特別的經歷，但他沒在文章裡提到色爾瑪。他在《當代中國：覺醒的巨人》（*China Nu, een reus ontwaakt*）書中敘述訪問工廠等機構，以及他對中國政治的理解，也完全沒提到色爾瑪。

後來色爾瑪寫信給父親說：「里歐給增義一件毛衣，再加上你送的那些，增義有很多漂亮衣服了。爸爸，我沒請里歐到家時給你打電話或過去拜訪，因為我記得你不喜歡他，是嗎？」

佛斯先生是堅定的社會民主黨人，對克拉茨的馬克思主義觀點幾乎全無同情，而且他覺得這人嘴巴很大不可靠。他不知道他女兒覺得這愛好冒險的表哥十分迷人。

增義叛逆，戴安娜到來

「週日，昌去學校參加家長會，老師說，我們親愛的兒子是好學生，但又說他不善交際，意思是他總與人保持距離。」色爾瑪給父親信中如此寫道。她知道這是因為增義是半個中國人，不受其他中國人信賴，只好保持沉默。另外，增義這方面很像她，上學時寧願埋頭讀書，不在乎人緣。

昌認為增義在家裡做的還不夠。但增義的成長環境和昌不同，也與同學不同，再者他母親是外國人，習慣與眾不同。

色爾瑪信中沒提到增義的老師還有其他怨言。老師告訴曹日昌，加入共青團是所有中學生的期望，增義班上有幾個男生加入了，增義卻還沒提出申請。回家後曹日昌和增義討論這個問題，但沒有要求增義加入。曹日昌說，只要增義在校成績好，練字有進步，這件事他可以自己決定。

增義確實也已經拿定主意。他的興趣在科技，不在政治。他里歐舅舅可能認為，他不過是個被洗腦的小孩，但從中國人角度看來，他算很有主見。而增義對共產黨理解愈多，就愈相信不入黨是正確選擇。有一次增義去心理研究所找父親，剛巧那天有位古巴心理學家來訪。他在外面安靜等待，讓兩名心理學家透過口譯人員討論他們的專業。後來他聽曹日昌說，那口譯不熟悉心理學術語，兩名學者於是改說他們都能流利使用的英語。談話結束後，增義又等了很久，曹日昌和翻譯人員才整理出一份報告，舉凡翻譯沒能跟上的部分，曹日昌得逐句仔細口述。那時增義才明白，原來他父親沒有多少自由。

那之後不久，增義聽說一個重要的心理學大會將在倫敦舉行，曹日昌受邀參加，還會去增義出生的劍橋，他在那裡還有許多老朋友，說不定還能去荷蘭拜訪佛斯先生。他們全家都為此激動，可惜後來並未成行。

增義追問父親為何不去，獲得的回答是：「沒有合適的第二人選。」這答案令增義困惑，但他知道不該追問，倒自己思索出解答：沒有人可以單獨出國，至少得有一人同行，這樣才能彼此監視報告。曹日昌若前往倫敦，同行者必須是英語流利的心理學家，且不能和曹日昌有私交，否則報告就不可靠了。而在曹日昌服務的心理研究所裡，沒有這樣的人選，曹日昌當然也就去不成了。

＊＊＊

我們在電影院看到關於周恩來出訪十四國的系列影片，每集開頭都是荷蘭皇家航空的飛機降落，機身有荷蘭皇家航空公司的徽章，機尾是荷蘭國旗的顏色。每次周恩來在機艙口擺姿勢拍照，KLM字樣在他頭上晃動，增義就會拿手肘頂我一下。

一九六三年十二月到一九六四年一月底，周恩來乘坐包租的荷航 DC-7 訪問世界，駕駛和空服員都是荷蘭人。這是因為中國雖有幾架蘇聯螺旋槳飛機，但飛行員幾乎沒有出國飛行經驗，中國領導人又想疏遠蘇聯，恰好荷航有亞洲航空樞紐在仰光，透過荷航便有許多班機了。

周恩來一行先後訪問巴基斯坦、埃及、突尼西亞、阿爾及利亞、摩洛哥、阿爾巴尼亞等國首都，隨後又全團造訪加納、馬里、蘇丹、索馬里亞。周恩來與各國領導人交流，提供發展援助，試圖藉由援助來說服他國相信，中國才是正確的共產主義道路，蘇聯不是。

他回來後得出結論：中國人想擴大世界影響力，必須學習更多外語。

這番話成為外語教學的巨大助力。色爾瑪授課的學校和其他幾個外語進修班組成第二外語學院，在北京郊區設立新校區。後來色爾瑪給父親的信中寫道：「大樓正式啟用前，先有幾位大人物致辭，然後在一家新開的北京餐廳晚餐，非常豐盛，我大多數同事都喝醉了。」她下一封信提到，周恩來下令由國外多聘外語教師，後來便來了一群英國人，「其中一人和我同在英語系工作……一名出生在劍橋的年輕女子，名叫黛安娜，她認識以前我和昌在劍橋的鄰居，所以我們很快就成為好朋友。」

戴安娜（Diana Lary）才二十二歲，那時剛從倫敦亞非學院漢學系畢業。她在倫敦住了四年，目睹披頭士和滾石崛起，見證倫敦成為一切時尚潮流的中心。她獲聘到中國擔任教師，條件是她得在兩週內離開倫敦，搭火車前往中國。抵達北京後，她入住友誼賓館，被分到三號樓六樓一個兩房公寓，正對著游泳池。同時住在友誼賓館的還有一名英國人比爾（Bill Brugger），他和戴安娜一樣，也在劍橋長大，但兩人不大合得來。

戴安娜的父親是成功商人，比爾因此說她含著金湯匙出生，是「資產階級」。日後她回憶往事說：「我到那裡後不久，英國代辦處有一名男子開著英國進口的鮮紅色跑車來找我，從那一刻起，我和友誼賓館左傾外國人的關係就破裂了，比爾他們組織的馬列主義聚會也不邀請我。」她說比爾是沒有幽默感的「左翼無政府主義者」，總是「和毛澤東一樣，穿藍色棉裝，相襯的帽子，據說是為了融入『中國大眾』，但誰都能從一公里外認出他是外國人。」

每天都有黑轎車送戴安娜去學校，她與色爾瑪要好，很快就要專車也順道接送色爾瑪。每天早上，色爾瑪在院門外槐樹下等待，上車後就坐在戴安娜旁邊。車上除了比爾，還有一對男瘦女胖的古巴夫婦和一名澳洲女子。色爾瑪和戴安娜坐在黑色大轎車後座，身著一九六〇年代早期西方時裝，裙子不及膝，頭上紮著寬髮帶。她們也喜歡乘車時抽一支細長的阿爾巴尼亞香菸。

約一小時車程後，一行人抵達學校，戴安娜和色爾瑪前往各自的教室。後來戴安娜為亞非學院《中國季刊》（*China Quarterly*）撰文，敘述她的教學經歷，其中描繪第二外語學院學生群像，和色爾瑪教過的學生差不多，「是高度政治化的共青團成員，也是天真迷人愛笑的中國人，兩種特質精妙集於一身」。共青團成員多半在十八歲時被選中，主要基於政治純潔和家庭背景而獲選。這當中百分之八十來自農民或工人家庭，選自不同地區，以免過度偏重教育程度較好的大城市。他們的宿舍是八人房，上下鋪，在學校食堂吃飯，幾乎從不屢足北京市中心。

下午課程結束時，會有出租車來接他們。有時候戴安娜會去色爾瑪家裡喝杯咖啡。戴安娜跟增義和何麗一起練習中文。他們都和她玩得很開心，還記得有時她會用錯字，比方說把剪頭髮說成割頭髮。戴安娜對色爾瑪家中纖塵不染感到驚訝：「這裡根本很難買到清潔用品，她持家竟還是荷蘭模範主婦的水準。她用英國瓷杯喝茶，總是搭配餅乾或蛋糕，不知道她怎麼買到的。色爾瑪總能把每個細節都打點好。」

增義在院裡為戴安娜和色爾瑪拍照，從照片上看，戴安娜比色爾瑪高很多。後來色爾瑪掌鏡，替增義和戴安娜拍照，才發覺十六歲的增義比戴安娜還高。這些照片裡，增義與何麗顯得僵硬，色爾瑪嚴肅，相比之下，戴安娜顯得輕鬆快樂。不過增義拍的一張照片捕捉到色爾瑪無憂無慮的一面，顯然當時和戴安娜玩得很開心。後來戴安娜說：「我們在一起總是笑」。戴安娜也帶來新的西方價值觀，對色爾瑪來說肯定如沐春風。

戴安娜從不久留，喝完茶就搭公車回去友誼賓館，總趕在曹日昌回家之前，這樣就不算外國人訪問，不過她們同事之間有事商量，也不會引起誰不快。有時下課後，色爾瑪和戴安娜同去友誼賓館，快速瀏覽那裡的商店，看看有什麼東西可買。有時她們時間較多，就在友誼賓館吃飯。

戴安娜也認識美國人李敦白。她和色爾瑪都說這人是「百分之兩百的中國之友」，在

一九六五年夏天，增義、何麗與黛安娜合影，攝於曹家屋前院中。

廣播電台工作，但「北京的外國人圈子都知道，他是中國當局的間諜」，後來此人在自傳《留下來的人》（*The Man Who Stayed Behind*）中證實這一點，還為受邀從事間諜任務感到很自豪。

這樣一個人卻經常與戴安娜和色爾瑪攀話，「問我們第二外語學院情況如何，我們都忙些什麼」。戴安娜說：

他讓你知道，他在觀察你。這人很可怕，是個機會主義者，以最奴性的方式擁護黨的路線。像蛇一樣。到處都是耳目，對色爾瑪來說一定很可怕。這男人極其卑鄙，對她是個莫大威脅。她沒有外國護照，非常脆弱。我頂多被驅逐出境。色爾瑪有充分理由對他感到害怕。

昆明湖滑冰

戴安娜抵達中國不久，色爾瑪和新華社關係告終，第二外國語學院成為她的正式僱主。第二外語學院是新單位，但這機構什麼都缺，缺職工宿舍，缺教師，當然也不像新華社那樣，還有北戴河休養所，此外第二外語學院不提供參觀長城或明十三陵的旅遊服務，也不提供音樂或戲劇表演的門票。色爾瑪不再能去海邊度假，也不可能靠己力取得門票或安排旅行，頓覺坐困愁城。

曹日昌不忍見妻子受苦，在一家特殊商店以天價買下一台電視機，回家安置在檯上，和收音機放在一起。那天晚上，他們熱切等待收看古巴的芭蕾舞表演，但「增義打開電視時，家中所有燈都熄滅了……儀表完好無損。我們試了三次，三次燈都熄滅了。昌打算打電話給商店。」不過她在下一封信中提到，沒有聯絡商店的必要，因為增義找到問題所在：「他發現保險絲不能承受太強電流，換用更粗的保險絲，解決了問題。安全起見，我們總是先關掉沙發旁的大燈再開電視。」

新買的電視帶給全家極大愉悅。色爾瑪信中寫道，「只要坐在椅子上就能看到節目，真是太輕鬆了！」

此外，色爾瑪經常去頤和園，這郊遊不需單位幫忙，西直門就有三十二路公車可達頤和園，車程四十分鐘。冬天又到了，昆明湖變成溜冰場，他們全家都去溜冰。增義與何麗都帶上溜冰鞋。增義的溜冰鞋是外祖父所贈，是中國罕見的四十六號鞋。

戴安娜也加入曹家的溜冰行程，與她同乘火車從倫敦到北京的威金森（Endymion Wilkinson）也一起來。威金森和戴安娜一樣，在英國學中文，後來寫了一本上千頁的參考書《中國歷史新手冊》（*Chinese History: a new manual*），內容涵蓋極廣，甚至包括「筷子的歷史」和「後宮佳麗幾多人」等。威金森經常和戴安娜在一起，戴安娜在英國已經訂婚又是眾所週知之事，那些「百分之兩百的中國之友」問她和威金森是何關係，戴安娜都不予理會。

增義、何麗與兩名英國青年小心走上冰面，曹日昌和色爾瑪在岸上觀看。不久後，色爾瑪在一座宮殿前替冰上四人拍照留念。照片上，威金森把溜冰鞋掛在脖子上，簡直就是西方雜誌廣告中人，因此何麗給他取外號叫「模特」。早些時候色爾瑪造訪友誼賓館就見過威金森，曹日昌則是出遊這日才初次見到他。他們都曾就讀於劍橋大學國王學院，這是兩人之間的直接連結。

日後威金森談起曹日昌，說他「非常傑出，溫和謙遜。我還記得，我問他目前做什麼研究，他說黨要他專注於泰勒提出的科學管理，我無話可答，但心想，讓一位領先中國的世界級記憶心理學權威，把時間精力投入於泰勒的科學管理這樣乏味過時的課題，實在是天大的浪費。」*

＊＊＊

近來色爾瑪總感覺非常疲倦。有一天她突

曹日昌、色爾瑪與威金森在頤和園合影，攝於一九六四／六五年冬天，三人都是冬衣厚重。

* 美國機械工程師泰勒（Frederick Winslow Taylor）提出科學管理概念，目的在於設計一套流程，規範人的活動與時間，以最經濟的方式達到最高的產量。

然無法站立，於是戴安娜先接手她一門課。色爾瑪寫信給佛斯先生：「昨天我在學校感覺有點不舒服，之後學生讓我坐在沙發上，上面鋪著漂亮的粉紅色新被子，給我一杯牛奶和糖，非常關注我，其實沒有必要。之後戴安娜帶我去她的公寓，讓我躺她的床休息，還給我熱水袋，又給我兩個溏心蛋。但我沒有好轉，她帶我去看醫生，陪我在醫院奔波整個下午。」

色爾瑪被診斷出饑荒年代的常見疾病——肝炎。她皮膚並不黃，但總感覺很虛弱，後腰也痛。醫囑要她徹底休息，每天注射維生素B，偏偏她是靜不下來的人。一個人整天在家能做什麼？

「戴安娜這女孩很可愛吧？」她寫信給佛斯先生，「而且她也很能幹，有勇氣離開家人和未婚夫一年。下週五她滿二十三歲，要辦一個派對，邀請我們全家，可惜其他三人都另外有事，但我一定會去，還會帶一個蘋果派去。我會穿你送我的白色蕾絲尼龍衫。」

那時友誼賓館住客當中有幾個荷蘭人，和戴安娜一樣，被周恩來的新外語政策吸引過來，在不同機構任教。敏德浩（Paul Minderhout）是米得堡建商之子，跑船十年，利用業餘時間讀書取得中學英語教師文憑，又因為他性喜冒險，看到《職缺》（*De Vacature*）雜誌刊載中國英語教師職缺，就去應徵了。他也是音樂家，和色爾瑪志同道合。

另一個荷蘭人雍嫚（Kuuk Jongmans）是藝術家兼語言教師。她是單親媽媽，帶著六歲的女兒阿貝恬（Albertien）來到北京。單親媽媽在當時的荷蘭不受待見，北京的工作可謂是個全新開始。在這裡她收入豐厚，有房子，受人尊敬，也和戴安娜一樣，乘大轎車上班，還經常收到正式晚宴和派對的邀請。色爾瑪邀請這對母女十二月五日到她家慶祝聖尼古拉節。

「小阿貝恬是個頑童，有時我都好奇，雍嫚是不是也有點怪。」色爾瑪信中寫道，「雍嫚這一刻很溫暖，下一刻就不理人，或者突然和所有人都起爭執。但總之她很有藝術氣質，能製作精美的手工藝品。」

一九六五年夏末，于滕夫婦（Johan & Ria Jutten）來了，兩人都是二十五歲，新婚不久，也分到友誼賓館一套公寓。他們離開荷蘭之前，在《商報》讀到克拉茨的報導。他們想妥善準備中國之行，於是前去拜訪克拉茨。色爾瑪邀請于滕夫妻到她家裡做客，並寫信給克拉茨，形容于滕是「友善的人，很年輕，這也是他們魅力所在。男方教書，女方目前還沒工作，因此感覺無聊，正打算買一輛自行車逛逛北京。」

日後于滕先生回憶當時：「後來我們去色爾瑪住的大院，這等中國環境對我們來說極富異國情調。色爾瑪和她丈夫生活簡單，沒有絲毫浪費，那是當時中國的理想。他們實踐這個理想，敬惜字紙，總重複使用。他們曬乾橘子皮，泡茶可以添上幾塊陳皮。色爾瑪給我留下深刻印象。她敢於邁出那一大步，拋下荷蘭熟悉的一切。她和她丈夫是真正的理想主義者。」于滕太太談到色爾瑪時說：「她很真誠，我立刻就喜歡上她。不過，我確實問過自己，她在中國到底快不快樂？」

Chapter

5

歐洲探親

1965-66

返回荷蘭

「這是你們獨處時，大姊來信安慰。」色爾瑪給三個弟弟信中如此寫道。那是一九六五年秋天，佛斯先生和柯莉去瑞士度假兩週，他們三人獨自在桑普特。

色爾瑪一心想回荷蘭，再次申請出境簽證。那時中醫說她肝炎已好，但要調理氣虛，得回到自己家鄉才行。醫囑如此，再加上曹日昌動用關係，當局批覆卻還要幾個月時間。色爾瑪寫信給弟弟，說她未雨綢繆，「買了一件毛皮大衣，以備冬天出行，不然我到莫斯科一定冷死。我說皮草大衣在荷蘭也很流行，增義卻不屑一顧，何麗覺得大衣很漂亮，但她自己寧死不穿，她說只有外國媽媽才穿那個。你們若能見面該有多好，這裡的孩子和荷蘭很不一樣。」

一九六六年二月，她終於拿到護照和出國許可證，寫信給表哥里歐：「我最期待荷蘭的雨。你別笑我，我們這裡去年春天起就沒下過雨。」

她在三月底訂好機票，這就算萬事俱備了。臨行前她拉著丈夫孩子去照相館拍全家福，還洗了很多份，要分送荷蘭的親朋好友。照片裡，兩個孩子都大了，何麗十六歲，增義十七歲。曹日昌顯得比實際年齡年輕很多。潤色過後的照片裡，曹日昌和兩個孩子都是深色服裝，色爾瑪穿淺色西部夾克，格外醒目。這就是他們最後一幀全家福。

色爾瑪的班機先後在烏蘭巴托、伊爾庫茨克和鄂木斯克停留，之後在莫斯科轉機，天氣極為寒凍。一九六六年四月四日，色爾瑪抵達阿姆斯特丹史基浦機場，身著新皮草大衣，戴著相配的帽子。佛斯先生和柯莉送她一束紅色鬱金香，同來的弟弟小麥克斯用柯達盒式相機為大家拍照。*毛皮衣帽再加上鮮紅花朵，照片上的色爾瑪活像蘇聯女歌手。不過她的笑容略顯遲疑，不像很有自信的成功人士。佛斯先生穿著冬季大衣，站在色爾瑪身後，看來與三年前造訪北京時差不多。柯莉試著節食減肥，但還是很胖。

他們搭計程車回桑普特的家。這是一九五四年佛斯先生買下的房子，當時色爾瑪已定居北京，她只在照片上見過這三層樓房。這屋子寬敞得令她瞠目。靠街道一側的起居室有高大的窗戶，餐廳有彩繪玻璃，透窗彩光點綴長桌。整間屋子是鑲木地板，樓梯有雕花欄杆，

---

* 盒式照相機（box camera）是一種方型簡易相機，通常只有一個固定焦距和單一快門速度。

蜿蜒通往豪華的二樓，有三間臥室和一間浴室，再上去是寬廣的閣樓。

小麥克斯把房間讓給色爾瑪，他暫時搬去他哥哥羅伯房間。小麥克斯十八歲，只比增義大半歲，在荷蘭哈勒姆（Haarlem）一家巧克力工廠當文書。羅伯十九歲，完成機械工程學業，在貨船上實習。最年長的希爾二十七歲，在一家大百貨公司（V&D）擔任採購。他不是佛斯先生的親生兒子，但被繼父視為己出。

回到荷蘭後不久，色爾瑪在花園裡拍了一些照片。照片裡唯有盛放櫻樹顯露春天氣息，她身著棉襖，顯得不大自在。她離開荷蘭去劍橋已是二十年前的事，現在的荷蘭對她來說十分陌生。她還在希爾的鮮紅色菲亞特 500 Giardiniera 旁拍照，從臉上表情看來，她似乎覺得這輛車很可笑。

色爾瑪抵達阿姆斯特丹史基浦機場，小麥克斯拍下的相片。

一九六六年色爾瑪返鄉探親，在桑普特與弟弟希爾合照。

很久以前，希爾只有六、七歲時，色爾瑪在阿姆斯特丹念書，每個週末都接希爾過去。她總是督促希爾先學英語單字，然後才帶他出門。每次上過英文課，她就帶希爾去逛國家博物館或動物園，邊走邊吃三明治。日後希爾回憶說，他沒有色爾瑪的語言天賦，並不喜歡上英文課，但和大姊姊一起郊遊總是很愉快，因為「我們有很大的共同點——她在戰爭中失去了母親，而我失去父親。」

戰前生活

色爾瑪到桑普特一週後，四月中旬陽光亮麗，她又在花園裡拍了更多照片。某一張照片裡，她穿著貼身白色上衣和白色百褶裙，沒有一絲中國氣息，被希爾抱在臂彎裡。

她離家的時候，羅伯和小麥克斯還在襁褓，對她都沒印象，只知道她是遠在異鄉的大姊姊，不時要寄包裹給她。

佛斯先生寄了很多包裹去北京。他總是按照色爾瑪的要求購齊一切，通常是在阿姆斯特丹的蜂巢百貨公司採買。衛生棉是必買物品，每次封箱之前，小麥克斯會被派去藥房拿衛生棉，但他不好意思開口詢問，總是柯莉先打電話去藥房，確定購買的衛生棉已經打包好，小麥克斯才出門。等到一切就緒，佛斯先生就用棕色包裝紙裹好紙箱，以繩子綁縛結實，再前往郵局寄送。

家裡每隔兩三個月會收到色爾瑪的信。佛斯先生非常期待來信，郵差一到，他就趕快跑去信箱，立刻展讀來自中國的郵件。那之後幾天，他總是異常安靜，三兄弟認為那是因為他牽掛女兒。色爾瑪信中口吻如此清晰，必然勾起他許多回憶。誠如小麥克斯所言：「他在戰爭中失去所有家人，唯有色爾瑪活下來。」

也是四月中旬一個陽光明媚的午後，色爾瑪和柯莉一起在花園拍照。照片上色爾瑪親暱搭著柯莉手臂，彷彿她們是要好的朋友，實則她們之間一直有摩擦，色爾瑪此番回國對柯莉是莫大考驗。

色爾瑪始終無法接受當年父親這麼快就有了新家庭，父親再婚時，她母親甚至都還沒被正式宣告死亡。然而佛斯先生別無他法。一九四六年，柯莉懷孕了，按照當時的道德標準，他非和她結婚不可，於是聘請律師辦理前妻死亡證明。對色爾瑪來說，那段時間想必很難熬。小麥克斯後來回憶當時：「我母親和色爾瑪從不說話，都無視對方。色爾瑪來訪那幾個月，我們家氣氛並不好。」

這兩個女人截然不同。色爾瑪善於處世，博學多聞，柯莉來自北布拉邦省鄉下，不大關心家庭以外的事。她和佛斯先生其實也沒什麼共同點，結緣全因戰爭。

戰爭期間，柯莉和丈夫范德蘭住在恩荷芬，冒著極大風險在家中地窖設一秘密藏身所，供佛斯先生和色爾瑪躲避。佛斯先生的妻子赫麗葉已於一九四三年故去，范德蘭則在荷蘭解放前不久遭到殺害。佛斯先生或許自覺對柯莉和希爾有所虧負。

「我父母因悲痛而結合。」小麥克斯說。

回到荷蘭以後，色爾瑪每天晚上會獨自坐在俯瞰鄰居花園的房間，這些時候她一定很想念自己母親。戰前他們住在艾莫登，是個幸福家庭，那屋子離這裡只有五公里，屋子比較較小，但緊鄰街道一側也有大窗。一九三一年他們搬家到那裡，當時色爾瑪才十歲。

住在艾莫登的時候，佛斯先生為家中物件投保，準備了一份清單，列出他們所有的物品，頗能反映當時荷蘭傳統住宅大體情況。訪客踏進這宅邸，首先會看到「橡木衣帽架，後面是地毯，有一面穿衣鏡」，客廳裡有繡面女士扶手椅和男士扶手椅，還有一個起居室，裡頭有一座法式沙發。晚餐後，佛斯先生在前廳一張大辦公桌前工作，以檯燈照明。色爾瑪的母親赫麗葉用勝家縫紉機縫補衣服。他們家擁有一台卓越牌（Excelsior）真空吸塵器，可謂領先時代。赫麗葉還有一個多德雷赫特（Dordrecht）烤爐，有附玻璃門的烤箱和溫度計，她用這個烤箱烤出傳統的荷蘭猶太甜點烤梨派，和色爾瑪終身想念的黃油薑餅。

十二歲起，色爾瑪每天騎著羚羊牌（Gazelle）女式自行車去艾莫登上學（這單車也在保險清單上）。她上的學校自由寬容，每年都讓學生在克魯恩飯店（Hotel de Kroon）舉辦晚會，總是持續到深夜。

色爾瑪平常在後廳一張女士松木桌邊寫作業，從那個位置可以看到露台和花園。後廳另有經典荷蘭餐桌一張，附有六把椅子，還有櫥櫃，裡頭收著十二人份的餐具，牆上掛著礦工肖像和十二匹馬的畫作。樓上是色爾瑪的臥室，有一張摺疊床，一把古董荷蘭扶手椅。不過對她來說，最重要的是隔壁房間的書櫃，架上有「六百多本教科書和小說」。佛斯先生是業餘畫家，畫架就放在這個房間。他對數字拿手，但也喜歡動手實作，修繕房子的工具都收在花園的小棚子裡。

佛斯家座落沙丘邊緣，位置完美，但荷蘭被德國佔領後數週，佛斯先生被迫出售房屋，價格卻低得離譜。德國人一佔領艾莫登港，立刻開始建造瞭望塔，加強航道控制，為進攻英國預作準備。許多居民被迫離開。一九四〇年六月，德國入侵荷蘭後一個月，佛斯先生把所有財產都搬到阿姆斯特丹郊區家裡。

佛斯先生服務的《人民報》被親納粹的新經理層接管，多年來與他密切合作的社長范德芬（Van der Veen）自殺身亡，佛斯先生則因猶太人身分遭解雇，這倒是正中下懷，反正他也不想和親納粹者共事。色爾瑪是猶太人，從此不得上學。一九四二年五月起，佛斯全家都必須在胸前佩戴黃色徽章。同樣是在那一年，佛斯先生告訴保險公司，家裡所有東西都被沒收，希望終止保險，保險公司表示同意，條件是他必須額外支付五年保費。佛斯先生只好告訴他們：「事情先放著吧。」

同一時間，他們不得不再度搬家，與阿姆斯特丹南部其他家庭合租一處猶太人聚居區的住宅。他在新址寫信給保險公司：「僅此通知家中物品都已丟失。期盼早日重談協議。或許會有人以我的名義前來聯絡。」

德國人搶去佛斯家所有財產，再也沒有歸還過。但當年他們在艾莫登住過的房子還在，離佛斯先生現在住處只有幾公里。也許「出去走走」只是色爾瑪的藉口，也許她是想去探望少年時代的家。佛斯先生經常和兒子們一起騎單車回到艾莫登，在那裡靜靜凝視舊家，外牆，窗戶，花園，直到淚水上湧。他很少談起過去，但小麥克斯記得，佛斯先生曾經說過：「我的第一任妻子赫麗葉是個非常可愛的女人。」

騎車過荷蘭

抵達荷蘭後三天，色爾瑪隨佛斯先生造訪海牙的馬德羅丹（Madurodam）小人國公園，這裡有荷蘭所有著名地標的等比例複製品，是她重新認識荷蘭的理想起點。公園攝影師在這裡拍下父女合影：那時天氣還很冷，色爾瑪身著冬季羊毛外套，深色手套，站在一個港口模型邊，港中停泊往來荷蘭與北美的豪華郵輪「鹿特丹號」（*SS Rotterdam*）。模型高速公路上有許多汽車，是當時荷蘭的新興產業。如今連工人階級也開車了。

幾年前，佛斯先生將某汽車隧道隆重開通的剪報寄給色爾瑪，讓她很擔心，經常在信裡提醒父親開車很危險，並以《綠色阿姆斯特丹人》雜誌定期報導的交通事故死亡人數為佐證。連馬德羅丹小人國都有這麼一個場景：兩輛汽車相撞，滑出路面，停成奇怪的角度，一輛救護車已經趕到現場。

不過馬德羅丹並非色爾瑪造訪海牙的主要目的，不過是附帶郊遊。她抵達荷蘭後必須前往中國代辦處登記，而海牙是荷蘭政府與各國使館所在地。色爾瑪和佛斯先生到中國代辦處，獲得妥善接待，對方彬彬有禮，過程順利。

過完十八歲生日，小麥克斯買了一輛輕便摩托車，十分引以為豪，卻不幸感染腦膜炎，不得不休息。但休息久了也會厭倦，於是他在摩托車後方行李架上加了一個坐墊，說要載色爾瑪出去玩，想去哪就去哪。色爾瑪覺得這主意絕妙，如此一來，她也不用在家裡面對繼母了。他們試行一次，騎車去哈勒姆，色爾瑪嬌小輕盈，更覺摩托車風馳電掣。他們騎車經過中世紀建造的聖巴佛主教座堂（Sint-Bavokathedraal），穿過名為阿姆斯特丹的城門（Amsterdamse Poort），沿一條運河前行，直奔六十公里外的阿姆斯特丹。

色爾瑪的表哥里歐曾出奇不意造訪她北京的家，這次回荷蘭，她也和里歐約見面。她不搭火車，選擇坐小麥克斯摩托車後方行李架，讓風吹拂頭髮，享受一種自由冒險的感覺。這感覺和在中國很不一樣。在中國旅行，隨時可能遇上閘門，得出示證件。而這裡淤田寬闊，

色爾瑪與父親逛海牙馬德羅丹小人國公園時的合照。公園內有人持攝影機四下拍照，並向遊客兜售照片。這張照片就是如此，是出其不意被半路拍下，因此色爾瑪沒有看鏡頭。

綠意盎然，河道寧靜豐饒，正適合他們旅行。

有一天，小麥克斯騎摩托車帶色爾瑪去希佛瑟（Hilversum）拜訪老同學。還有一天他們往東騎去贊丹，拜訪雅可布夫婦（Dick & Iem Jacobs）。佛斯與雅可布兩家是戰時結下的緣分。戰爭最後一年，色爾瑪和佛斯先生弄到假的身分證件，冒姓德雍（De Jong），搬進贊丹諾騰道（Notenlaan, Zaandam）上一所房子，慢慢與鄰居雅可布夫婦建立起深厚的信賴和友誼。

他們騎車經過斯帕恩丹（Spaarndam），途中經過一條風力強勁的狹窄堤道，來到北海運河。他們要等渡船過到運河彼岸，從那邊繼續沿淤田道路前進。他們在小村瑙爾納（Nauerna）一家小咖啡館停下小憩，色爾瑪喝著咖啡，講起戰爭時期，雅可布夫婦給他們許多幫助，還有其他人冒著生命危險搭救他們。

「你媽媽呢？她怎麼不在？」小麥克斯問。後來他回憶當天，說色爾瑪的回答讓他永生難忘。

一九四三年五月，色爾瑪和父母被突襲帶走，強迫搭上一列火車。火車開動時，有扇門還開著，她和父親決定跳車，但她母親赫麗葉不敢。當時她母親四十七歲，本來就不是好動的人。日後小麥克斯說：「那時的恐懼，讓她沒能逃過被送入荷蘭韋斯博克（Westerbork）

中轉營的命運。」

他們去到雅可布家，受到咖啡和蛋糕的款待。佛斯先生與柯莉去瑞士度假時，雅可布夫婦曾扮演叔叔阿姨的角色，代為照顧佛斯家三兄弟。小麥克斯回憶說：「他們是真正的贊丹人。迪克叔叔（雅可布先生）是堅定的共產主義者。」

造訪過雅可布家，色爾瑪和小麥克斯還拜訪附近的欽馬家（Kingma）。色爾瑪告訴小麥克斯，她和佛斯先生跳下火車後，若非欽馬家人協助，最終還是會落入德國人手裡。

欽馬家的女兒瑪萊可（Marijke Kingma）和色爾瑪一樣，也是荷蘭學生禁酒聯盟（Nederlandse Bond van Abstinent Studerenden, NBAS）的成員。這個青年組織反對飲酒，因為經濟大蕭條期間，許多工人家庭都飽受酗酒之苦，那時還流行一首歌〈親愛的爸爸別再喝酒〉（"Ach vaderlief, toe drink niet meer"）。此外NBAS也關注其他議題。

瑪萊可回憶往事，說她和色爾瑪都來自「有政治意識的家庭」，「懷抱一個共同奮鬥打造美好世界的信念。」她並且強調那並非知識分子觀點，而是工人觀點。

NBAS在荷蘭各地有分會，成員約有五百多名，週末一起露營，假期也會碰面。色爾瑪和瑪萊可都喜歡古典樂，還會四手聯彈鋼琴。日後的荷蘭共產黨領袖巴克爾（Marcus Bakker）也是她們的好朋友，特別晚會都上演他創作的戲劇。

「不過我們也在NBAS學習新知。」瑪萊可說。他們去聽關於羅丹、米開朗基羅和史懷哲的講座，討論蘭霍夫的《泥炭兵》（Wolfgang Langhoff, *Die Moorsoldaten*）。這本書出版於一九三五年，是第一部德國集中營親身經歷記述，獲得國際讚譽。

「想知道希特勒的圖謀，看《泥炭兵》就對了。」瑪萊可說。

一九四〇年，德國入侵荷蘭，下令NBAS驅逐所有猶太成員。聯盟不願從命，乾脆解散。一九四三年夏天，色爾瑪打電話給瑪萊可，說母親被火車載走，她和父親逃離恩荷芬，躲在NBAS一個朋友家，在荷蘭南端的泰諾曾（Terneuzen），現在他們父女需要新的藏身處，她知道瑪萊可的父親積極參與反抗運動，因此來電求助。瑪萊可比色爾瑪小幾歲，那時還是個青少年，獨自一人在家，但她還是積極設法。她告訴色爾瑪：「到我們這裡來，我會請我父親安排交通工具。」

色爾瑪和佛斯先生躲在離贊丹不遠的伯默蘭（Purmerland）淤田的一個偏僻農場。過了一段時間，農場也不安全了，父女倆又搬去欽瑪阿姨家，她在荷蘭最北邊菲士蘭省的小鎮霍爾（Holwerd）經營肉店，後院棚子就是屠宰場，待宰牛豬都關在那裡。佛斯家父女在肉店閣樓躲了幾個月，問題是肉店人來人往，且唯一的洗手間在一樓，他們得小心迴避外人，上廁所萬分謹慎，一有風吹草動，就躲入兩個特製的小空間。

一九四四年，欽馬先生為佛斯家父女弄到假證件，箇中細節至今不明。他利用住房部門工作之便，安排佛斯家住在諾騰道。那裡十分舒適，可以眺望寬闊的贊河景致。日後瑪萊可回憶：「後來我就得叫他們的假名，德雍先生（meneer De Jong）與貝雅（Bea），但我經常忘記。總之他們在那裡過著正常生活，所謂正常當然只是戰時標準。他們經常出門，有時候我會遇到。色爾瑪養了一隻貓。她會帶貓去碼頭散步，把貓拴在皮帶上，這樣貓就跑不掉了。他們父女一看就是猶太人，但我們這一帶所有人都是紅的，沒有人出賣他們。」*

那個冬天，全荷蘭都處於飢餓邊緣，佛斯家父女也是。欽馬先生每週會來收房租，順便帶來反抗運動的津貼和食品券。

一九四五年五月五日，盟軍解放荷蘭，佛斯先生登上停靠他家門口的蒸氣渡輪，前往阿姆斯特丹。他們的報紙擺脫納粹協力者控制，更名為《自由人民報》（*Het Vrije Volk*）。

佛斯先生回到辦公桌前，繼續戰前工作。他還繼續住在諾騰道，每週一到週五通勤去阿姆斯特丹上班。後來柯莉帶著希爾過來與他們同住。佛斯先生與柯莉的第一個兒子羅伯出生於一九四六年十二月，那時色爾瑪已經動身前往劍橋。

拜訪過贊丹老友後，色爾瑪和小麥克斯回到桑普特，路程中她又想出新的出遊計畫。

日後回憶當時，小麥克斯說：「我真的覺得太好了，突然間我有姊姊了。我們玩得很開心。色爾瑪對我非常好。」

＊＊＊

有一天，色爾瑪告訴小麥克斯：「我聽到電話裡有奇怪的咔噠聲。應該有人在竊聽我們。」

起初小麥克斯並不相信，但隨後就想起佛斯先生從中國回來那天，停在他們家門口的那輛情報人員黑色轎車。後來荷蘭特勤局證實他們有一份色爾瑪檔案，紀錄始於一九四七年她與曹日昌結婚那年。檔案裡也記載，她持中國護照，帶小增義從劍橋前往荷蘭，護照上蓋有荷蘭駐倫敦大使館發給的簽證。

特勤局檔案也記載她於一九六六年回到荷蘭。特勤局知道返荷期間，色爾瑪住在桑普

＊譯註：「紅的」指社會主義者。

HAARLEMS DAGBLAD — OPRECHTE HAARLEMSCHE COURAN

'e vooravond van Bevrijdingsdag

denkingen in Kennemerland

plechtigheden in de regen

一九六六年五月五日《哈勒姆日報》（*Haarlemsche Courant*）刊登前日照片，標題為「雨中的肯內默蘭戰爭紀念日追悼會」。撐傘人群盡頭是肯內默蘭的起伏沙丘，沙丘彼端不是天空，而是灰茫大海。

特父親家裡，但至今未曾證實是否曾經監聽佛斯家電話，因為「公開消息來源可能影響特勤局正常運作，進而危及國家安全」。

「每年到了五月四日（戰爭紀念日），空氣都凝重得可以用刀劃破。」小麥克斯說。

他回憶小時候，母親柯莉總是苦於心理問題，「住院的時間多，出院的時間少」。相比之下，「我父親也在戰時受了心理創傷，只是他處理得比較好」。

那年色爾瑪參加在桑普特附近沙丘舉行的戰爭追悼會。她的剪貼簿裡有一張《哈勒姆日報》的追悼會照片——大雨始終不停，照片裡只看得到雨傘。

同一時間，哈勒姆市政府發給色爾瑪一張身分證。這不是護照，但足以讓她造訪英國。若使用中國護照，她根本拿不到英國訪客卡，也就不可能去英國拜訪朋友。*

兩年前，佛斯先生為色爾瑪戰時被迫佩戴猶太星申請索賠，並獲得 1,113 荷蘭盾賠償。他把這筆錢存入色爾瑪的銀行帳戶，現在她剛好動用這筆錢，以 123.80 荷蘭盾訂下往返劍橋的旅程。

---

* 譯註：當時多數人持有身分證，而非辦理成本較高的護照，荷蘭人持荷蘭身分證就能申請英國訪客卡（visitor's card），約當於今日的落地簽證。

英倫渡船

五月八日晚間，色爾瑪在桑普特南站搭上火車，當晚在荷蘭角（Hoek van Holland）港登上前往英格蘭哈里奇的渡輪，數小時後抵達她深愛的城市劍橋。她在戰後初到劍橋，盡量不去想父親的新家庭。如今一切夢想都在前方。她在劍橋交了許多朋友，還遇到曹日昌，她早把這裡當作第二故鄉了。

再次來到劍橋，她借住在火車站附近好友瑪格麗特（Margaret Vince）家裡。瑪格麗特是共產黨員，當年和曹日昌同在大學實驗室做研究，這些年來一直和他們保持聯絡。

瑪格麗特出身農家，比色爾瑪大幾歲，戰爭期間曾與一位科學家訂婚，未婚夫卻在終戰之日死於一起意外，此後她一直獨身，從未結婚，也沒有小孩。與色爾瑪重逢的時候，她和以前一樣，在大學工作，是知名的動物心理學家，《新科學家》（*New Scientist*）雜誌還曾經報導她關於雞蛋胚胎互相溝通而能同時孵化的研究。

週末瑪格麗特和色爾瑪一起搭公車去果園茶室（The Orchard）。這間一八九七年起營業的老茶室位於劍橋郊外，康河河畔，舒適座位就設在花朵盛放的果樹下。色爾瑪和瑪格麗特選擇可以欣賞河景的位置，享受搭配司康餅、果醬和黃瓜三明治的午茶。

色爾瑪向瑪格麗特講述北京生活，談起兩個小孩。她們想必也談到曹日昌的研究。瑪格麗特記得曹日昌和她一樣，對心理學充滿熱情，當年在劍橋，他總是熱心使用研究設施，經常出入圖書館。然而回到中國之後，他在心理學領域卻難以施展。早在一九五八年，黨的官方報紙就出現批評心理學的文章，聲稱心理學不是科學，且抵觸共產主義教義。一九六四年以後，大學嚴格限制教授心理學，許多心理學老師不得不改教其他科目。也許色爾瑪信賴瑪格麗特，對她托出全盤實情，又或許她不想讓身為堅定共產黨員的瑪格麗特感到不快，而隱瞞了這一切。

某天晚上她們一起去藝術劇院（Arts Theatre），這裡是劍橋的文化中心，英國頂尖劇團都在這裡演出。這裡還有一個電影院，當時正在放映英裔美國記者兼電影製片人格林（Felix Greene）的中國紀錄片。中國在他的鏡頭下不啻天堂，實則影片拍攝期間，中國發生可怕的饑荒，日後他也因此受到指責。色爾瑪的剪貼簿裡還留著當日節目單，她是否告訴瑪格麗特實情則不得而知。

一周後，色爾瑪搭火車前往英格蘭小鎮路易斯（Lewes），拜訪她的朋友兼老同事戴安娜。戴安娜在北京工作一年，之後與未婚夫尼奇（Nicky）結婚，搬進這裡一棟十八世紀建築的二樓公寓。尼奇在附近的薩塞克斯大學（University of Sussex）工作，戴安娜則以貴州歷史為題撰寫博士論文。

從戴安娜家的客廳看出去，能看見沿街行駛的雙層巴士，從公寓後方廚房窗戶可以眺望大海，看見烏斯河（River Ouse）穿越起伏的海岸丘陵。戴安娜告訴色爾瑪，知名女作家吳爾芙（Virginia Woolf）當年就住在附近，後來她把沉重石塊放入口袋，投河自盡，傳說她的靈魂還在這一帶遊蕩。

戴安娜給色爾瑪看她返回英格蘭後所寫，關於第二外語學院的一篇文章，一九六五年底刊載於她就讀的大學出版的《中國季刊》。這期刊報導中國和台灣情況，她怕給色爾瑪惹麻煩，不敢寄去北京。她的文章標題為〈在中國教英語〉，文中說第二外語學院有一半人員是不會說英語的退役軍官，真正好的老師是解放前被外國老師教過的資深老師，但他們在政治上不受信任。程度較次的老師成長期間恰好趕上共產主義興起，戴安娜形容他們「特點是膽小，工作能力普遍較低，是應聲蟲，即使上級命令行不通也忠實執行。再來是新近畢業生，政治上火熱自信，勇於表達，基於真正的共產主義傳統而批評前輩。」

戴安娜還寫道，出身背景讓學生們受不公平對待，高幹子弟幾乎做什麼都可以，「因為他們有關係，能不受批評影響。他們和老師爭論，甚至不服從老師，一般學生可是連做夢都不敢。」

色爾瑪對外語學院也頗多抱怨，但那畢竟是她的日常生活，有些事情令她沮喪，卻也無從改變，因此戴安娜的觀察一定令她大感震驚。而對戴安娜來說，色爾瑪此番造訪，多次表示要與丈夫小孩在中國共同實踐理想，讓她印象深刻。

色爾瑪在英國待了三週，之後在哈里奇（Harwich）登上渡輪，於五月三十日返回桑普特。不到兩週後，阿姆斯特丹爆發動亂。

暴動與文革

阿姆斯特丹暴動事件起因於工人抗爭——工人受到共產黨工會煽動，抗議度假費被苛扣，警方暴力以對，導致一名五十歲的建築工人死亡。荷蘭《電訊報》（*De Telegraaf*）報導該名工人死於心肌梗塞，但工人們無法接受這樣的報導，認為死者是遭警方施暴而死，於是蜂擁闖入報社和印刷廠。他們進入報社打砸縱火，騷亂持續好幾天，許多對現況不滿的年輕人也加入工人隊伍，阿姆斯特丹市中心頓成戰場，《電訊報》形容情況「彷彿內戰」。暴力事件也登上英國左翼媒體《衛報》頭版，標題為「阿姆斯特丹騷亂，警方開火」，《太陽報》則有「茱莉安娜女王宮殿附近發生巷戰」的聳動標題。

成千上萬年輕人加入，與警察和憲兵戰鬥，導致八十一名示威者和二十八名軍警受傷，共有六十人被捕。此事嚴重挑戰既有權威，市長和警察局長被迫辭職下台，也是荷蘭政治徹底變革的開始。

色爾瑪的剪貼簿裡有一張簡報照片，顯示年輕人投擲煙霧彈，警察揮舞長警棍，著白襯衫繫領帶的男子在一旁觀看。不知她對此作何感想？相形之下，中國的孩子只能參加政府組織的遊行活動。戴安娜在《中國季刊》的文章提及中國的示威活動：

誰也不知道會發生什麼事，會有多少人被選中。若是一系列的示威活動，第一場通常有二十五萬人，那麼每個班級大約出動三分之一的人，若有五十萬人，每班要出動三分之二。若是針對美帝國主義而激起「義憤」的一百萬人示威抗議，那麼整個學院都會出動一整天。美國入侵多明尼加共和國時，就出現這樣的大規模「自發性」示威。學生們發自內心熱情參與，無比興奮，容光煥發。

六月初也有一股奇異風潮吹遍中國。荷蘭媒體報導文化大革命已然展開，似乎與文化有關，內情尚不明瞭。《綠色阿姆斯特丹人》懷疑這是北京知識分子叛變，就像一九五六年的布達佩斯起義，但色爾瑪很快就醒悟過來，文化大革命不是知識分子發起的革命，而是針對知識分子的革命。荷蘭《商報》報導這是一場「毛澤東和中央委員會直接領導的文化清洗」，報導引用曹日昌經常閱讀的中共黨刊《紅旗》，稱這場革命以「雪崩般不可抗拒的力量迅速激烈演變」，並援引色爾瑪老東家新華社的話：「革命不像一些反動派所說，是針對所有知識分子，而是針對一小撮冒充共產黨人的反共流氓和一些反黨、反社會主義、反革命的資產階級知識分子。」

這些報導令色爾瑪感到焦慮，曹日昌來信也未能寬解她的心情。他信中說，夏衣已經收入大衣櫃，增義修好電視機的電源插頭，又說「居家一切如常」，完全沒提革命。她本來計劃六月底返回北京，現在對中國情況感到遲疑，決定在荷蘭多留一段時間，靜待事態發展。

那時她弟弟希爾和未婚妻正在興建新房，一完工就要結婚。他們想在客廳放一張新沙發，而色爾瑪看到一則沙發廣告，慫恿希爾暫時離開桑普特，開車到比利時邊境去買沙發，沿路還能拜訪朋友。後來希爾說：「這可是長途旅行，要搭渡輪穿過一條寬闊河流。我們自己絕對想不到，只有色爾瑪想得出這種主意。」

希爾把他的菲亞特 500 開上高速公路，但一入澤蘭省境（Zeeland），因為道路狹窄，不得不放慢速度。色爾瑪要希爾開車去米德堡（Middelburg），實現上次她在友誼賓館對敏德浩的承諾，去拜訪他父母，告訴他們敏德浩在京情況。

希爾記得敏德浩夫婦非常熱情，「但我們時間不多，還得過河去買沙發。」相聚時候雖短，色爾瑪已喜歡上敏德浩夫婦，一周後又獨自乘火車返回米德堡，敏德浩夫婦像迎接老友一般歡迎她。

敏德浩先生是退休的建築承包商，三個兒子對文學、藝術、音樂感興趣，都不想繼承家業。三兄弟中居長的安德利斯（Andries Minderhout）是畫家，他說「我們的藝術愛好來自母親」。最年輕的保羅熱愛音樂，但為謀生而學習英語，以那張文憑在北京找到一份工作。

敏德浩太太是古典樂迷，她拉小提琴，色爾瑪鋼琴伴奏，運河畔的小屋裡充滿音樂。在敏德浩家，色爾瑪感覺很安心。而她初次造訪後不久，敏德浩先生就寫信給她，說「非常歡迎你和我們一起住一段時間」。後來她果然又去待了一週。

色爾瑪和敏德浩夫婦一起參觀米德堡遺址，三人乘船遊覽費爾湖（Veersee）。色爾瑪的荷蘭行剪貼簿裡有一張費爾市（Veere）的大幅照片，佔了兩頁，顯然在她記憶中享有特殊地位：照片前景是老式平底船，兩側有突出的下風板。船隻正全速航行，那後方是厚實的費爾塔（Campveerse Toren），和有著山形立面的市政廳。

色爾瑪和敏德浩太太想必欣賞躍動水上的悅耳鐘聲。之後他們前往新的費爾大壩（Veerse Dam），那裡標記著十三年前的洪水水位。色爾瑪經常和孩子們談起洪水，現在她可以告訴孩子們，有了大壩，澤蘭省再也不會洪水氾濫了。之後他們搭船返回米德堡，途中還繞行費爾河上的漁鯡島（De Haringvreter）一周。

色爾瑪的澤蘭行等於散心之旅，後來她寫給父親的信中提到：「敏德浩一家真是好人，非常非常善良，尤其敏德浩媽媽。」

包圍中國使館

色爾瑪返回桑普特後，海牙發生一樁怪事，之後演變成國際事件，對她產生深遠影響。

七月十六日，海牙矛里茲林蔭道（Mauritslaan）有人目擊一名男子從三樓窗口摔下，發出砰的重響。屋裡立刻出來幾個中國人，將摔成重傷的男人又拖了進去。警察與救護人員接獲報案趕到現場，發現屋內有一男子昏迷不醒，連忙將他送往醫院。醫護人員正要將病人推入手術室，突然奔來幾名中國外交官，搶走病床，把病人扔進等候在外的豪華轎車。這掛著外交車牌的轎車一路疾馳，進入胡柯普林蔭道（Adriaan Goekooplaan）上的中國使館，原先與受傷男子同在矛里茲林蔭道那幾人也跟入使館。警察趕來，要求訊問相關人等，卻遭到拒絕，於是決定包圍使館。*

*譯註：當時荷蘭與中國僅有代辦級外交關係，但當時報導為求方便都稱中國使館（Chinese ambassade），本節譯文亦同。

後來得知，當時有幾名製造火箭太空船的中國工程師來荷蘭參與火箭焊接技術會議，他們一落地就受到荷蘭特勤局監視，以便了解「中國的發展狀況」，而這摔成重傷的病人正是其中一員，後來這起事件就被稱為「焊工事件」(lassersaffaire)。

事發一天後，中國代辦宣布受傷「焊工」死亡，但拒絕交出遺體。後來遺體被中國人送往火葬場，在那裡被荷蘭當局沒收。荷蘭將中國外交官驅逐出境，但不准工程師離開，然而這些人始終拒絕解釋究竟發生何事。後來外界才知道，死者想要投靠美國人，先前已藉會議之便與對方接觸過，那天他將幾張床單打結綁在一起，試圖從窗戶垂降逃跑，並非被人推出窗外而墜樓。此事延宕直到十二月底才獲得解決，在那之前，中國使館一直處在被包圍狀態下，色爾瑪想持荷蘭護照返回中國，卻因此無法申請中國簽證，只能繼續等待。原本她預計回歐洲三個月，但到這個時間點上，她已經離開中國四個月了。

荷蘭媒體報導稱焊工事件在中國引發轟動，但八月中旬曹日昌來信，對此隻字未提。他信中提到手錶掉了兩次，現在又得送修。他向來不上心這類瑣碎事情，突然有此一筆，或許有所暗示也未可知。他信裡還提到：「家裡組織一個學習小組，每個星期天早上，增義、何麗和我，都會研讀毛主席著作。今天何麗一個同學也加入學習小組。」想來色爾瑪讀到這裡已經明白，中國的情況已經嚴重影響她丈夫和兩個小孩。

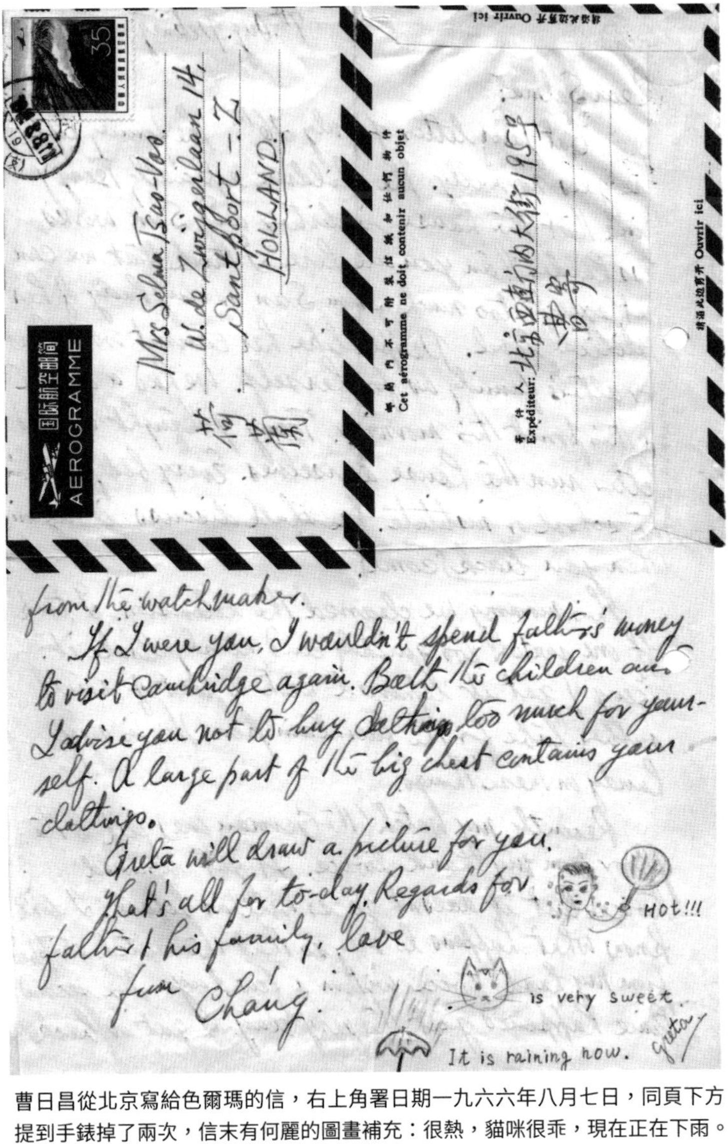
AEROGRAMME 国际航空邮简

Mrs Selma Tsao-Vos
W. de Zwijgerlaan 14,
Santpoort - Z
HOLLAND.
荷蘭

Cet aérogramme ne doit contenir aucun objet
Expéditeur:

from the watchmaker.
If I were you, I wouldn't spend father's money to visit Cambridge again. Both the children are
I advise you not to buy clothing too much for yourself. A large part of the big chest contains your clothings.
Greta will draw a picture for you.
That's all for to-day. Regards for father & his family. Love from Chang.

Hot!!!
is very sweet.
It is raining now.
greta

曹日昌從北京寫給色爾瑪的信，右上角署日期一九六六年八月七日，同頁下方提到手錶掉了兩次，信末有何麗的圖畫補充：很熱，貓咪很乖，現在正在下雨。

佛斯家每天收到的《自由人民報》報導說，八月十八日，上百萬紅衛兵及其他支持文化大革命的青年在天安門廣場為毛澤東歡呼。新任中央委員會副主席林彪發表講話，毛澤東只向人群揮手致意。西方媒體曾揣測毛澤東病危，為了反駁這種說法，中國報紙刊出他在長江游泳的照片。這樣看來，毛澤東依舊是中國最有權勢的人。而色爾瑪為了躲避柯莉，窩在樓上房間看報紙，想必憂心忡忡。

《自由人民報》稱毛澤東外交魯莽，已使中國陷入完全孤立，只有阿爾巴尼亞和「紐西蘭、澳洲、比利時、南美及非洲少數迷失的共產黨人」還支持中國。

色爾瑪努力想告訴朋友，中國也有積極的一面。她告訴克拉茨夫婦，中國孩子不像荷蘭那麼個人主義，增義與何麗就是在學校裡學會幫助他人。她定期去阿姆斯特丹造訪在中國曾有數面之緣的馬克思主義社會學家韋譚教授（Willem Frederik Wertheim）。就在那年夏天，韋譚與幾名同事及一群蒂爾堡大學（Tilburg University）學生共同出版系列文章，讚揚中國共產黨在毛澤東領導下實現現代化，中國不再有飢餓，人們衣食無憂。色爾瑪後來要求佛斯先生將這本書的影印本寄給她的朋友們。那幾週她接收大量關於中國的消息，十分不安，這本書的積極肯定想必對她很有幫助。

八月底，《自由人民報》刊載一篇關於紅衛兵的報導。紅衛兵是「身著軍事服裝」，戴紅臂章的年輕人，在街頭四處遊蕩，「他們更改商店名稱，關閉圖書館，以毛澤東著作取代書店陳列書籍。年輕人要求禁止象棋，因為這遊戲為封建主義和資產階級服務」。現在也不能播放外國古典樂了，「巴哈、莫札特、貝多芬、舒伯特和柴可夫斯基等人作品都在禁止之列」。這些都是色爾瑪最喜歡的作曲家，這清單彷彿刻意編來加深她的恐懼。

色爾瑪問三個弟弟，此時返回中國是否明智？後來小麥克斯回憶：「當時我才十八歲，對政治能有多少認識？我當然不知道了。但我了解她為什麼急於徵求意見。她卡在當中非常痛苦。」

《電訊報》將毛澤東比為史達林，甚至說，不知毛澤東有無能耐「像希特勒那樣，強迫數百萬人追隨他直到最後一口氣」。不過《電訊報》是右翼報紙，色爾瑪想必沒有讀這報導。

她開始收拾行李。她只能帶十五公斤行李上機，因此厚重的剪貼簿無法帶走。她把剛回荷蘭時買的淡藍色晨衣寄給瑪萊可。希爾送給增義的飛利浦電動刮鬍刀必須帶走，增義一定會喜歡這禮物，至於電池尺寸與中國不同不是問題，增義一定能想出辦法。她來時穿著漂亮的皮大衣，但她從新聞了解到，這不能在北京穿，於是把大衣送給佛斯家的管家莫倫曼（Molleman）太太，她們穿同尺寸的衣服。

佛斯先生對女兒此去感到憂慮。他致信荷蘭外交部：

由於近來屢有中國動亂報導，敬請閣下向駐北京代辦通報：小女在荷蘭度過五個月假期，將於九月七日星期三十二點二十分自史基普機場起飛，經莫斯科前往北京。若小女向駐北京代辦請求協助，請惠予援手，我將承擔因此產生的一切費用。

全家都到機場給色爾瑪送行，但離去沒有來時那般歡愉，並沒有拍照。色爾瑪再次登上俄羅斯航空班機。現在她手中有一本嶄新的荷蘭護照，但焊工事件導致她無法申請中國簽證，只好仍持中國護照旅行，以中國公民身分入境。

Chapter

6

山雨欲來

1966

沒上課沒功課

增義與何麗逐漸習慣母親不在身邊的日子。上次他們收到色爾瑪的信，信裡提到她去劍橋拜訪戴安娜。那時他們剛吃過孫阿姨準備的晚餐，在餐桌旁寫作業，曹日昌坐在沙發上看《人民日報》。增義注意到，整個頭版都在談北京大學的一則大字報。大字報指責大學行政部門有「知識分子菁英主義及資產階級傾向」。他問曹日昌這大字報有何重要，要花整個頭版報導，但曹日昌沒有回答。對增義來說，一九六六年六月二日那篇文章標誌著文化大革命的開始。

那之後五天，增義的學校出現大字報，指責「教師是菁英資產階級」，何麗的學校也是如此。一場反教師運動隱然成形。那之後幾天，增義的數學老師沒來上課，後來所有課程都暫停了。

中國所有中學、大學都有少數學生結成幫派，自稱造反派，以紅色臂章彼此識別。增義的同學裡也有這類人，多半是軍方權貴子弟，據說稱教師為菁英和資產階級的大字報都出自他們之手。增義逐漸明白事情不大對頭，但他父親並不驚訝事態發展。曹日昌身為黨員，一直密切關注報上相關討論，如此已有數月。此事起因於京劇《海瑞罷官》，本是一九五九年北京市副市長吳晗響應毛澤東號召，學習明代清官海瑞「敢言直諫」精神寫成，到了一九六五年卻被四人幫之一的姚文元批評，認為該劇影射彭德懷反大躍進遭解職一事，爭議於焉爆發，就此拉開文革序幕。

那是一九六五年年底，毛澤東看似退出政治，實則他乘火車前往全國各秘密地點，要確保地區領導人對他效忠。就在這段期間，他的妻子江青及一些忠實追隨者開始批評《海瑞罷官》，以此發動一場「社會主義清洗藝術」運動。從此藝術家只能轉向工農世界，不能從封建舊社會汲取靈感。中國古典藝術總圍繞帝王將相，文化大革命的目的就在於消滅這一切有害影響。

為防萬一，曹日昌以毛澤東詩詞覆蓋客廳的掛幅書法——那是一九四五年曹日昌拿到庚子賠款獎學金，將要離開昆明時，西南聯大教授聞一多的《離騷》章句題贈。

一九六六年五月初起，曹日昌每個週日早上和兩個孩子一起研讀毛澤東著作。現在全家只穿藍色棉布衣服。何麗申請共青團，也成為其中一員。曹日昌寫信給色爾瑪，說不能把佛斯先生給她的錢浪費在購買衣服和旅遊花銷上，顯然他想給信檢單位留下家人恪守黨規的印象。曹日昌見識過早期的政治清洗，他因為出身農家未受波及，此刻他當然知道山雨欲來，但他或許相信全家能夠毫髮無傷度過難關。

增義與何麗無學可上，也沒有功課要做，如今空閒時間不少，但還是得去學校參加會議，從事政治學習。增義學校原本的行政部門已被免職，校務由黨的領導人劉少奇任命工作小組接管，以領導文化大革命朝正確方向前進。

增義與何麗在學校都得和同學一起朗讀毛澤東著作，討論新的政治口號。後來何麗回憶：「我們接到任務，要找紙來寫大字報，非得寫點什麼，不知道寫什麼的話，就看看旁邊人寫什麼。比方說：校長

曹家客廳掛幅，攝於一九六六年，照片上清楚可見新舊相疊。

是修正主義者。」

他們沒有錯過任何一場學校會議。何麗說：「缺席會顯得很可疑。」他們的混血外表已經引人注目，絕不想再招來額外關注。他們從小就明白，要避免麻煩，融入背景是最上策。

增義有些同學十分狂熱，寫新的大字報，每次活動都揮舞紅旗，衝在最前面，讓他極為驚訝。班上約有三分之一這類狂熱分子，但其他人多半和他一樣，不想捲入是非，試圖作壁上觀。

增義不希望這情況一直持續下去，但多數老師都被指控，復課機會渺茫。他聽說今年沒有大學入學考試，這實在糟糕透頂。他還有一年才高中畢業，但已決定要上大學讀電機工程。那時的入學考試通常在一個寬敞大廳舉行，上千人應試，高分者錄取，錄取率通常只有百分之十（最多百分之二十）。若今年取消考試，那麼明年應試人數將會比平常多出一倍——當然，這以明年舉行考試為前提。若是不能唸書，增義不知道未來還能做什麼。他不了解到底這一切是怎麼回事。課業沒了，只剩下革命，好像所有人都瘋了。

倒台

八月初，色爾瑪寫信通知家人，她會在荷蘭停留更長時間。此時曹日昌還是沒在信中提及心理所的狀況。增義有幾個同學從父母聽說，不論哪個單位，當權者都受批評。他們住的院裡也耳語四起，說科學院裡又有誰遭攻擊，不時有科學家「倒台」。革命針對一九五〇年之前受教育的科學家，認為他們受外國影響，走錯「路線」。增義與何麗懷疑曹日昌就屬於這一類，但他們不會在院裡談論這些。

但他們父親做錯了什麼？增義與何麗自問。曹日昌是理想主義者，忠誠的共產黨員，總是忙於工作，現在報上卻稱黨內濫行，說腐敗黨員阻礙革命進程，將他們打為「修正主義者」和「資本主義者」。曾留學海外的人備受懷疑，被認為在國外養成「腐敗」習慣。如今外國一概糟糕，世上唯有中國好。增義與何麗十分擔心曹日昌處境，因為他不僅留學英國，還娶了荷蘭女人。他們注意到院裡眾人對待他們的態度改變了，不再和他們打招呼。靠近大門那一帶，維修人員、司機與非科學工作人員所住地區尤其如此。現在這些人突然趾高氣昂起來。這說明一件事：曹日昌被免職了。

鄰居唐家原本僱有清潔工，但現在這被目為「封建」，於是他們解僱傭工，曹家出於同樣原因解僱孫阿姨。解僱當時何麗在場，親眼看見曹日昌告訴孫阿姨，此後她不能再來了，並付給她三個月工資。從此增義負責購物，何麗負責做飯。她知道烹調結果不盡如意，問曹日昌要不要在研究所食堂用午餐，曹日昌以異常沉重的聲調回答，他寧願吃女兒準備的東西。許久後何麗才明白過來，父親在研究所的日子一定非常難過，而她後悔當時問了那麼一句話。

帶紅書上廣場

一九六六年七月底，忠於劉少奇的公務員被免職，造反派掌權，造反學生自稱紅衛兵。八月十八日，所有學生大清早在學校集合，列隊走出校門，彷彿一隊隊穿藍著綠的士兵，在高年級學生帶領下前往天安門廣場。交通號誌已無作用，學生們走在街道中央，路上有紅衛兵揮舞紅旗。

當時增義十七歲，已很習慣這類遊行，因為每年五一勞動節和十一慶典，他們學校都會參與天安門廣場的活動。為了塑造中國青年的健美形象，他曾參加這類活動的啞鈴隊，也參加過放飛鴿子的團體，以此彰顯中國代表世界和平。不過他們總要等上很長時間，這期間鴿子不斷試圖掙脫，一個不小心就會被鴿子大便在衣服上。

在那之前一年的十一慶典，曹日昌與其他達官顯貴同在天安門旁的看台上，藉地利之便從人群中輕易認出增義，因為他身高超過一八〇，比別人都高出一個頭。後來曹日昌告訴他：「你走路有些駝背，記得挺直腰板。」

一九六六年八月十八日這天早晨，學生們抵達廣場，被直接領到人民大會堂前。增義想知道何麗站在哪裡，人海中卻找不到何麗學校的人。廣場喇叭播放歌曲《東方紅》，到了十點鐘，黨中央副主席林彪的聲音透過喇叭傳來。林彪是編輯毛語錄的人，最近大家都隨身攜帶這本小紅書，且總要顯露一角給人看到，幾週前增義與何麗也各買了一本。學校會議上大家認真研讀這本書，有些年輕人還在公車上朗讀語錄。現在學生們將毛語錄高舉過頂揮舞著，增義有樣學樣。廣場頓成一片小紅書海。*

「要破四舊：舊思想、舊文化、舊風俗、舊習慣。」林彪聲音傳來，廣場上掌聲雷動，群眾揮舞小紅書。

「毛主席說過，不破不立。首先得推倒一些東西，然後才能建立新東西。」

之後是總理周恩來講話，最後毛澤東出現，掌聲震耳欲聾。他向人群揮手，但沒有講話。增義也鼓掌，不比旁人重也不比旁人輕。若同學大聲叫喊，朝某個方向揮手，他也行禮如儀。好在這整個活動前後不超過一個半小時，學生們又遊行返回學校。

* 譯註：曹增義先生說明，文革期間，《毛主席語錄》被稱為「紅寶書」。

廣場上的演講見於隔天所有報紙，也成了學生討論的文本。黨的領導人既已在講話中描繪文化大革命的軌跡，提出「破四舊」的口號，學生們自然要盡可能大聲覆誦許多遍。增義讀了相關報導，注意周恩來提到「工作和生產必須繼續」，他以為很有道理。若所有人都搞革命，國家何去何從？看來林彪並不在乎這些，但增義了解，閱讀得領略字裡行間。

直到不久之前，曹日昌都能在心理研究所定期看到機密文件，對政治決策瞭若指掌，但增義認為情況已然改變，而他努力想要釐清究竟。領導人的名單順序一直很重要，劉少奇向來是第二號人物，僅次於毛澤東，現在卻掉到第七，這表示他遲早也要倒台。

《人民日報》頭版新聞刊載一張照片，地點在一般人到不了的天安門上，一個身穿綠色棉布軍裝、梳辮子的紅衛兵女學生，正為毛澤東繫上紅臂章。照片圖說錄下這紅衛兵與毛澤東的對話。據說毛澤東問她名字，她回答叫做「宋彬彬」。

「是文質彬彬的彬嗎？」毛澤東問。

「是。」

「要武嘛。」毛澤東說。

因此而有文革期間宋彬彬改名宋要武一說。

宋彬彬就讀於師大女附中，是學校裡活躍的紅衛兵，增義的學校呼籲大家以宋彬彬為榜樣，要盡最大努力獻身文化大革命。增義聽同學說，宋彬彬的父親是共產黨元老宋任窮將軍，他參與毛澤東著名的長征，一九二五年便加入共產黨，這說明宋彬彬何以能夠如此接近毛澤東。宋彬彬這張照片登上中國所有報紙，又見於許多西方出版品，後來有些歷史學家說，這是毛澤東對紅衛兵寄與祝福的時刻，這張照片也成為文革的標誌。

當時增義他們並不知道，就在學生上天安門廣場前兩週，宋彬彬等一眾紅衛兵以帶鐵釘的棍棒及軍用銅頭皮帶活活打死師大女附中副校長卞仲耘，也是文革期間第一個被學生殺害的教師。毛澤東想必知道這一點，但他讓宋彬彬繫上臂章，等於表揚她的血腥活動，也預示文革進入一個新階段。紅衛兵是毛澤東的親兵，受他的鼓舞去戰鬥。

紅色恐怖

天安門廣場集會後，一週之內，紅衛兵就主宰整座北京城。北京街上出售奢華絲綢與皮大衣的「資本主義商店」櫥窗全遭砸毀，滿地都是玻璃。紅衛兵爬梯子摘下「王府井」路牌，代以「人民街」。理髮沙龍是「腐敗」之地，被紅衛兵將門口釘死。紅衛兵衝進「封建」教堂與寺廟，將木製雕像和家具拖到屋外一火焚盡。「資本家」和「地主」的財產或者付之一炬，或者被帶走，屋子到處貼滿大字報，提醒所有人他們的惡行。

增義與何麗經常被叫到學校，見證學生公審老師。何麗的學校甚至在操場搭建專門舞台將老師示眾，宣讀他們的罪行：上課時不夠注重毛澤東著作，學生指出這一點時竟不予理會。有時候會揭發老師過去劣跡，如某位老師的父親擁有土地或房子。老師們被戴上「黑五類」或「資本家」的帽子，有的脖子上被掛著寫有罪名的牌子。

紅衛兵讓教職員和學生上台列舉老師罪行，還毆打老師，強壯的男生將老師的手臂向後拉，頭向前推，稱這是「坐飛機」。

何麗回憶當時，說這些批鬥都由背景「無瑕」的工人子弟帶頭，場面「很殘酷」。他們家附近居民也遭指控曾在國民黨軍隊服役。「整個過程我都很害怕。」何麗說，「我總是想，我就是下一個。他們隨時可以說：好，現在我們去看看你住哪兒！」

增義聽說一所學校的校長被活活打死，副校長受了重傷，還有一名教師自殺。他不敢相信有這樣的事，但不同消息來源都有此一說。又過了幾天，他聽說紅衛兵批鬥住在附近的名作家老舍，不久後老舍就自殺了。

報紙刊載英勇紅衛兵與革命勞模的故事，增義的街頭聽聞卻全然是另一回事。四十七中的紅衛兵到京郊農村傳革命，打著紅旗，高喊口號，有小村村民反對紅衛兵，被打死了不少。

學校不開課，但增義還是去上學。門房和學校行政人員都在，彷彿一切如常，學校也依舊是他所屬「單位」。有同學告訴他，化學老師遭到毆打，不過還活著。一週後，他看到那位化學老師頂著烈日在操場除草。他不敢上前，因為誰都不許和這老師說話。

抄家

那天晚上，增義何麗在等曹日昌回家吃飯，突然有人敲門，不等他們應門，十幾名穿藍著綠的人就擠滿了客廳。

「我們來搜房！」其中一人說，「我們正在搜集曹日昌和他外國妻子的犯罪證據。」

增義與何麗認得他們，這些人是心理研究所的員工，現在成了紅衛兵，多數曾在農曆新年拜訪他們，還祝他們好運。

「這些人都反了。」後來增義說。這些人當中有幾個是曹日昌指導的研究生。研究所的司機也在其中，色爾瑪回荷蘭時，就是他載曹家人去機場。現在司機成了這群人的領袖。

增義設法打開後門，讓貓咪穆蒙逃到屋外，之後他與何麗並排坐在沙發上，靜待事情發展。

不速之客分為幾組，何麗被迫帶一組人去搜查她的臥室。

「這裡面是什麼？」其中一名女子踢著大箱子問道。把何麗嚇得全身僵硬。

「我們的冬衣。」她回答。

增義被叫到五個紅衛兵旁邊。他們對色爾瑪的寫字檯感到興趣。

「這些是什麼？」其中一人問。

「我荷蘭外祖父的信。」

「這個呢？」

「我們全家的相簿。」

「還有這個？」有人舉起一疊文件。

「我不知道。」增義回答，「都是荷蘭文，我看不懂。」

所有這些東西都被沒收，裝入一個大袋子。何麗嚇得幾乎說不出話，還是不得不描述櫃子裡的東西。增義知道不能反抗，反抗只會招來暴力。他心想：「讓他們帶走一切吧。」他慶幸這些是心理所的紅衛兵，至少不是那些遊蕩全城無法無天的紅衛兵。他的小學同學藍山家就遭到那些紅衛兵迫害。藍山的父親曾開過瓷器店，數年前就被政府沒收了，如今卻被指為「資本家」。年輕人闖入藍山家，尋找「黑五類」證據。藍山的父親被拖到院子裡，綁在長凳上，藍山和母親只能眼睜睜看著紅衛兵用沉重的皮帶將父親活活打死。

紅衛兵搜查的過程裡，增義與何麗都屏息不語，那兩小時簡直就是永恆。紅衛兵打開所有櫥櫃，清空所有抽屜，東西扔在地上，彷彿竊賊尋找錢或黃金。紅衛兵說，他們肯定會在主臥室裡找到更多「腐敗生活方式」的證據，但他們要先回去和研究所同志討論。他們在主臥室門上貼了封條，然後帶著裝滿戰利品的沉重袋子離開。

一個小時後曹日昌回來了，臉色蒼白，不發一語。他被關在心理所，直到紅衛兵完成搜查。一家三口沒討論之前的事，只是沉默環顧周遭狼藉，也不敢揭開主臥室的封條。

增義與何麗用床單毯子在客廳鋪了一張床給曹日昌。就寢之前，他們問曹日昌，能否寫信給色爾瑪，建議她在荷蘭多待一段時間。曹日昌搖頭。

那晚混亂過後，他們住的院子幾乎每天都有人家被抄。紅衛兵從每家每戶拿走東西，燒毀書籍，在牆上貼大字報。住曹家樓上的生物學家就被貼了四張大字報，寫滿指控。增義與何麗慶幸紅衛兵至少沒這麼對待他們父親。

色爾瑪回家前一天，熊家女兒小螞蚱在門口等何麗。

「別回去。」螞蚱膽怯的說，「他們又來了。」

何麗進去的時候，整個屋子又被抄了個底朝天。現在主臥室門開著，床不見了。何麗反而感到振奮——至少媽媽能進自己房間了。第二天早上，曹日昌說他得去心理所，而且不可能用研究所的車和司機去接色爾瑪，於是何麗留在家裡收拾，設法把東西歸位，增義獨自去公車站，搭上一班長途車，途經許多村落而來到機場。

Chapter

7

文革風暴

1966-1969

返京

傍晚，增義提著色爾瑪的手提箱，跟在母親身後穿過院子，進到家裡。色爾瑪環顧客廳，立刻意識到紅衛兵來過了。孩子們看出她在檢視丟失哪些東西。何麗很傷心，色爾瑪自己也很難過，但還是控制情緒安慰女兒。然後色爾瑪注意到貓咪穆蒙。她抱起穆蒙，如釋重負笑起來：「至少他們沒對牠下手。」

三週後，一九六六年九月二十五日，色爾瑪寫信給佛斯先生，說「我們每天都生活在全然的不確定裡」。色爾瑪在友誼賓館遇到一個外國人正要離開中國，於是交託這封信以躲避信檢。後來這封信在倫敦寄出，貼著英國女王郵票，但沒有寄件地址。色爾瑪在信裡描述曹家處境，讀來彷彿一通倉促電報。

> 昌被打為心理所的頭號反動學術權威，當清潔工已有兩月，除了批鬥他的會議，沒人和他說話。研究所裡貼著反對我們兩人的大字報。我們的銀行帳戶被凍結。昌和我體重加

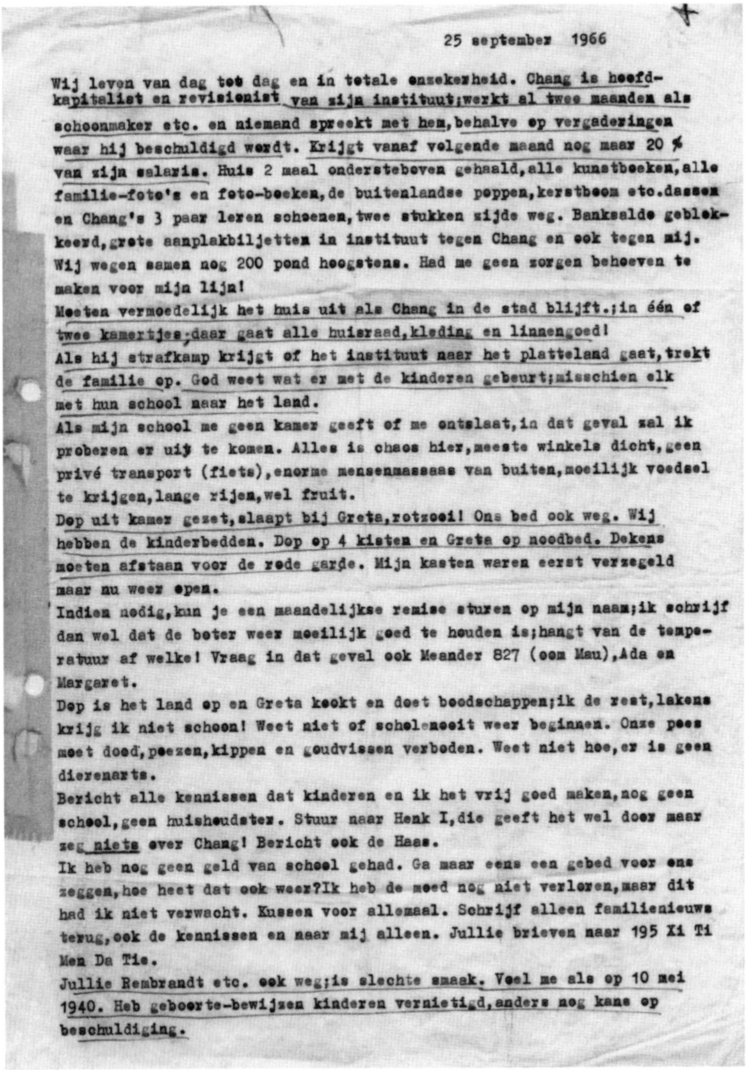

25 september 1966

Wij leven van dag tot dag en in totale onzekerheid. Chang is hoofd-
kapitalist en revisionist van zijn instituut;werkt al twee maanden als
schoonmaker etc. en niemand spreekt met hem,behalve op vergaderingen
waar hij beschuldigd werdt. Krijgt vanaf volgende maand nog maar 20 %
van zijn salaris. Huis 2 maal ondersteboven gehaald,alle kunstboeken,alle
familie-foto's en foto-boeken,de buitenlandse poppen,kerstboom etc.dassen
en Chang's 3 paar leren schoenen,twee stukken zijde weg. Banksaldo geblok-
keerd,grote aanplakbiljetten in instituut tegen Chang en ook tegen mij.
Wij wegen samen nog 200 pond hoogstens. Had me geen zorgen behoeven te
maken voor mijn lijn!
Moeten vermoedelijk het huis uit als Chang in de stad blijft.;in één of
twee kamertjes,daar gaat alle huisraad,kleding en linnengoed!
Als hij strafkamp krijgt of het instituut naar het platteland gaat,trekt
de familie op. God weet wat er met de kinderen gebeurt;misschien elk
met hun school naar het land.
Als mijn school me geen kamer geeft of me ontslaat,in dat geval zal ik
proberen er uit te komen. Alles is chaos hier,meeste winkels dicht,geen
privé transport (fiets),enorme mensenmassaas van buiten,moeilijk voedsel
te krijgen,lange rijen,wel fruit.
Dop uit kamer gezet,slaapt bij Greta,rotzooi! Ons bed ook weg. Wij
hebben de kinderbedden. Dop op 4 kisten en Greta op noodbed. Dekens
moeten afstaan voor de rode garde. Mijn kasten waren eerst verzegeld
maar nu weer open.
Indien nodig,kun je een maandelijkse remise sturen op mijn naam;ik schrijf
dan wel dat de boter weer moeilijk goed te houden is;hangt van de tempe-
ratuur af welke! Vraag in dat geval ook Meander 827 (oom Mau),Ada en
Margaret.
Dop is het land op en Greta kookt en doet boodschappen;ik de rest,lakens
krijg ik niet schoon! Weet niet of school ooit weer beginnen. Onze poes
moet dood,poezen,kippen en goudvissen verboden. Weet niet hoe,er is geen
dierenarts.
Bericht alle kennissen dat kinderen en ik het vrij goed maken,nog geen
school,geen huishoudster. Stuur naar Henk I,die geeft het wel door maar
zeg niets over Chang! Bericht ook de Haas.
Ik heb nog geen geld van school gehad. Ga maar eens een gebed voor ons
zeggen,hoe heet dat ook weer?Ik heb de moed nog niet verloren,maar dit
had ik niet verwacht. Kussen voor allemaal. Schrijf alleen familienieuws
terug,ook de kennissen en naar mij alleen. Jullie brieven naar 195 Xi Ti
Men Da Tie.
Jullie Rembrandt etc. ook weg;is slechte smaak. Voel me als op 10 mei
1940. Heb geboorte-bewijzen kinderen vernietigd,anders nog kans op
beschuldiging.

色爾瑪的朋友從英國代寄給佛斯先生的信件，手寫內文頗為潦草，佛斯先生收信後以打字機打出，與原件一同收存。打字稿最上端畫線部分就是此處引文。

起來還不到兩百磅。我不用再擔心身材了。

曹日昌不願孩子捲入，始終不提內情，但色爾瑪一回來，他對她就沒有隱瞞。他留學海外，又有外籍妻子，因而受到強烈質疑，夫妻倆被指為「西方間諜」，他的心理學專業也被譴責。他的專業是記憶，但文革期間被人嗤之以鼻：「記憶沒什麼好搞的。如果有事情很重要，比方毛主席的話，你就會記得！這就完了！」

「除了中國版的馬克思主義，當局不容忍任何其他理論。」曾任職心理所的趙莉如女士如此描述當時情況，「當局不能容忍任何科學家以階級鬥爭以外的理論來解釋人類行為，還說心理學不是精確科學。我們的專業被禁，被指為迷信，必須揭穿。」

曹日昌和心理所另一名所長被命清理廁所，打掃走廊。後來增義聽說，他父親和另一名患有心臟病的所長被迫以煤粉製作煤球。這是一項艱苦骯髒的工作，必須以模具成形，放在陽光下曬乾。曹日昌設法減輕生病同事的負擔，每次需要運煤球，總是他推著手推車運送。增義還聽說，這兩人被批鬥時，必須站在桌上，過程中桌子被人拉開，他們就重重摔在地上。

曹日昌經歷過五〇年代的政治清洗，曾三度交代生活史，最後一次在一九五六年「百花齊放」運動之後。每次他都必須交代學習與工作生涯的重要人物，也必須提供色爾瑪在中國、荷蘭和英國接觸過的人名，以及這些人的政治觀點。他曾交代岳父佛斯先生「觀點不很進步」。每份報告都收入他個人檔案，而現在舉凡與外國有聯絡的人，都被指為西方國家或組織的間諜，他檔案裡的一切現在都成了證據。

色爾瑪倉促寫就給佛斯先生的信，提到「增義被趕出房間，現在他睡在何麗房間。屋子被翻箱倒櫃兩次。所有藝術書籍、家庭照片、聖誕樹、昌的領帶和三雙皮鞋都不見了，我們的床也不見了。現在我們睡孩子的床，增義睡在四個箱子上，何麗睡一張帆布床。毯子都奉送紅衛兵了。我們可能必須離家，去住在只有一兩個房間的地方。我們不得不放棄家庭用品，衣服床單毛巾都沒了。我感覺好像回到一九四〇年五月十日之後的日子。」*

色爾瑪擔心情況會惡化：「如果昌被關進監獄，或者研究所轉移到鄉下，這個家就分崩離析了。天知道孩子們會怎麼樣。我已經銷毀他們的出生證明，不然說不定他們也會被批鬥。」增義生在劍橋，何麗生在香港，這些都可能帶來災難性的後果。

---

* 一九四〇年五月十日：納粹佔領荷蘭。

色爾瑪早被解雇，曹日昌的工資隨時可能停發，這表示他們可能很快就沒錢了。她在信中寫道：「果真如此的話，你能不能每個月寄錢到我名下？需要的話，我會寫說黃油很容易變質。」這顯示她認為再也不可能逃過信檢，為將來順利溝通而約定代碼。

此外還有個緊迫問題有待解決：「現在不准養貓、雞、兔子、金魚。穆蒙必須死。但我不知道怎麼做，這裡沒有獸醫。」根據當時的政治路線，養寵物是「資產階級」的行為。原先色爾瑪養了一些雞，但她回荷蘭期間已被孫阿姨宰殺烹調。曹日昌、增義與何麗不像色爾瑪那麼喜歡雞，但曹家不願和穆蒙告別，將牠藏起來了。

色爾瑪又寫道：「這裡亂成一團。商店大都關門，北京來了許多外地年輕人。食物難求，得排很長的隊，水果倒是有。我不知道學校還會不會開學。替我們哀悼吧。」

她列出一些荷蘭和劍橋的朋友，希望他們持續獲得她的消息，但出於安全考量，她要求佛斯先生不要直接把信件副本寄給他們，「就說我和孩子們一切順利，不要提到昌。回信寫家庭瑣事就好，只能寫給我。」她叮嚀信要寄到她家裡，千萬不能寄到心理所。她在空白處提到她心愛的雜誌：「沒再收到《綠色阿姆斯特丹人》了。你付費了嗎？」

求援

色爾瑪離開荷蘭時答應佛斯先生，回到中國就立即知會荷蘭代辦處，如此荷蘭外館便能轉知她平安抵達的消息。然而這時刻極為尷尬。先是這一年年初，荷蘭方面迫於中方壓力，搬離原先具有殖民史色彩的舊使館，搬進北京城東一幢方形的現代建築，以前使館大門前那兩尊石獅也沒能跟來。而後是發生在海牙的中國使館被包圍事件。此事延宕兩個多月，荷蘭政府依舊不放棄追究中國「焊工」之死，中國政府索性軟禁荷蘭代辦楊克仁（Gerrit Jan Jongejans）以為報復。

文革又讓事情變得更加複雜。受僱於荷蘭代辦處的一名中國司機將毛澤東肖像掛在他駕駛的外交車上，但臨時代辦伏克馬（Douwe Fokkema）不想與毛澤東同車，取下肖像，引起譁然，還有中國報紙稱「外交官偷毛主席相片」。

現在使館入口有中國憲兵把守，任何人出入都受管制，色爾瑪也得經過檢查。總算進入新館後，色爾瑪向代辦處人員出示新的荷蘭護照，說明她受「焊工事件」影響，未能取得中國簽證，只能持中國護照旅行，無法以荷蘭公民身分入境中國。

換了在別的時候，這事情可能不難解決，但兩國交惡情況下，荷蘭外交官很難與中方交涉。與色爾瑪相熟的祕書范霍夫已於年初調職，色爾瑪又在歐洲待了半年，還不認識新任祕書，現在代辦處考慮曹日昌被打為「反動學術權威走資派」，並不想與曹家往來，也建議色爾瑪避免與外國往來，儘可能不要接近荷蘭代辦處。

為了釐清情況，色爾瑪拜訪她的芬蘭好友艾爾蜜，發現艾爾蜜景況與她相似。艾爾蜜的丈夫也是心理學家，現在不准在師範學院教授心理學，被迫去教法語。他和曹日昌一樣，在學校集會上遭到訕笑羞辱，也被迫從事繁重的體力勞動。

多年後，艾爾蜜的大兒子密可（Mikko，漢名林白曦）回憶當時，說北京師範大學成員所住大院發生許多死亡事件，數量之多，令人震驚。僅僅數週內就有十五名教師和專業人員墜樓。據說這些人全是自殺，也沒人敢質疑他們是否被推落。每次有人墜樓，總引發滿院譁然，住戶們都圍過來，孩子們叫著：「快來看屍體！」不過艾爾蜜不准孩子去看這種可恥的熱鬧。

艾爾蜜是對外宣傳月刊《人民畫報》（*China Pictorial*）的編輯，現在她不再去辦公室，唯恐受到批評或虐待，改在家裡編輯潤飾關於紅衛兵和革命勞模的文章。日後她兒子諷刺說道：「宣傳機器一直在動呢。」

色爾瑪告訴艾爾蜜，回到中國後，她發現一張解僱通知，因為她在荷蘭逗留時間超過預期。如今她沒了收入，發信向前僱主表達憤怒抗議，但心知對方不會有反應。她們都陷入困境，但艾爾蜜有別的選擇——她打算帶患有小兒麻痺的小兒子回芬蘭，在芬蘭待到文革結束。這可能令色爾瑪感到震驚，也意識到兩人狀況之不同：芬蘭正在推動中國加入聯合國，且芬蘭駐聯合國大使是芬蘭共產黨員，兩國相當友好，荷蘭卻一直與台灣的中華民國政府保持良好關係，令中國感到憤怒。可以說，她回到中國的同時，也在自己背後關上了一扇門。

色爾瑪的另一個朋友魏璐詩看法不同。她認為應該以積極眼光看待文革。她是知識份子，兒子因而不受紅衛兵待見，她對此感到遺憾，但認為這完全可以接受。後來她在自傳裡自豪寫道，兒子們自願指揮城市交通，因為大量青年自全國各地來到北京，需要人力維持交通。

幾個月後，魏璐詩的大兒子諾曼（Norman，漢名葉凱）「自願」到中國最北部的一家國營農場工作，魏璐詩表示支持，認為這能讓他變得更獨立。魏璐詩不像色爾瑪，總是能夠倚靠上級保護。她早在一九三〇年代就結識周恩來總理夫婦。諾曼後來說，周恩來會確保魏璐詩毫髮無傷。

色爾瑪也去友誼賓館拜訪敏浩特，她想告訴敏浩特，她去米德堡拜訪過他父母。她搭三十二路公車前去，車程中看到滿街年輕人來來往往，是報紙所稱「毛主席的客人」。有個穿綠色軍裝戴紅色臂章的女孩擠上公車，以尖銳聲音朗讀毛語錄。到站時色爾瑪擠過人群下車，在友誼賓館前讓一名軍人檢查身分證件。友誼賓館依然安靜，除了大樓立面掛著毛澤東畫像，看不出文革氣息。

敏浩特過了一陣子才應門。他變得很瘦，膚色很黃，原來他肝炎住院數週，好在最壞時刻已經過去。他對北京街頭情況少有耳聞，只知道他在學院的課程都被取消，但還每月支領薪水，至少他暫時沒有後顧之憂，能夠先安心養病，也無力就未來訂什麼計畫。

除了敏浩特，色爾瑪認識的荷蘭人裡，住在友誼賓館的還有于滕夫婦，但他們不在家，色爾瑪此行沒能和他們見面。後來她聽說在國家廣播電台工作的于滕先生捲入管理層的勞資糾紛：那時于滕只上了幾堂課，他認為其他老師的教育程度和經驗都比他少，薪資卻比他高，這不公平，要求調整薪水，遭受拒絕後罷工，但這在中國是被禁止的違法行為。此事就發生在文化大革命爆發之時。

于滕夫婦被勒令離開中國。他們等待機票和簽證的時候，于滕先生騎單車穿過北京。他想親眼目睹革命，日後才有第一手談資。

單車騎過文化大革命

日後，于滕先生在《北京一年：單車騎過文化大革命》（*Een jaar in Peking: Op de fiets door de Culturele Revolutie*）提到，他騎單車來到以前曹家常去的莫斯科餐廳。大門深鎖，上面貼著大字報。紅衛兵在外牆邊架上梯子，「爬上去要砍立面上裝飾用的和平石鴿」。

于滕也騎車串巷。有一次他在人行道上看到一群人，「其中有個女人不停喊叫，不時向下擊打什麼東西。」一輛軍用卡車開來停下，「車上司機和乘客跳下車，那群烏合之眾散開了，原來人群中一個男人瑟縮蹲著。那女人命他起身離去，推了幾次，這男人才起身。原來他上衣只剩一個衣領，一隻袖子，還有半塊布垂掛肩膀。」

不久後一小隊人馬從于滕前方經過。「走在最前面的是個老人，身後跟著小孩和紅衛兵。老人前胸後背掛著繫繩木牌，上頭黑字寫著他的罪名。他左手持鼓，右手拿塊木頭擊鼓。」之後他來到萬頭鑽動的王府井大街，看到一個被粗暴剃頭的女人，「人們跟在她身後，對她大喊大叫。她一臉木然，瞪視前方，步履僵直。」于滕想要拍照，被一名紅衛兵阻攔，他開口爭論，那年輕人倒讓步了。

九月十五日，于滕夫婦應荷蘭代辦處新任祕書邀請，前往使館共進晚餐，傍晚六點在友誼賓館上了出租車。友誼賓館是北京文革中寧靜的綠洲，車到長安街上卻被警察攔下。

我們前方寬闊的林蔭大道是一片人海。我們無法正常前進，否則五分鐘內就能抵達目的地。司機離開幹道，轉入一條小街，也到處都是高舉紅旗和毛主席肖像的青年男女，唱著歌，高喊口號。我們的車已被遊行人群包圍，不能停下，只能以步行速度緩緩前進。歌聲伴隨砰砰嗒嗒嗒澎的鼓聲傳來。

車窗外好奇面孔來去。天色黑去，明月高懸北京城，街上燈火零星，車外人群都成暗影。司機伏在方向盤上，左右張望，試圖尋找出路，一見黝闇街道，就設法開車穿過人群。我們轉進另一條街，歌聲在後頭逐漸淡去，似乎已經脫離困境，卻有帶著旗幟與肖像的人從前方暗處隱然浮現。

司機加速開進一條小街，但這裡也有人群大聲唱歌行來。我們再次轉入一條小路，這裡竟然也擠滿了人，還好他們與我們同一方向，我們不至於逆著人群前進。司機將車開入人群，我們以步行速度前進。街道中央有一小群人逆向擠過遊行隊伍，他們旗幟飄飄，先是覆上出租車引擎蓋，然後遮住擋風玻璃，覆上車頂又滑落下去。

人潮擁擠，周圍的人都壓在車上。司機直視前方，汗水順著他臉頰留下。他沒有按喇叭，也沒有說話，打著昏黃車燈默默開車。在遊行者包圍下，我們來到一條寬闊馬路，被一名警察攔下詢問去向。司機回答後，幾名警察替我們清出一條路，但五十公尺後又被困住。司機索性放棄尋找出路，放任車隨人流。就這樣，我們一下南，一下北，最後司機總算在鬧區外成功避開人群。

他們在出發後三小時抵達目的地。

到了十一國慶當天，于滕還沒辦妥手續，雖被勒令離境，卻又被送往天安門廣場，與友誼賓館其他外國住客一起參與國慶。那年慶典上，軍用坦克和火箭發射裝置無用武之地，也沒有載滿華麗京劇演員的花車。遊行隊伍全由紅衛兵組成。

人群伸出一片紅色旗海，許多人帶著毛澤東肖像，多數人手中拿著毛語錄，染紅整片廣場。人們遵照規定，右手持書，將書名朝向看台，舉高到頭頂，在頂上不斷搖晃。人群腳步雜沓，揚起大片塵埃。有時前排遲滯，後頭的人不得不慢下腳步，看來好像波浪正在破碎。

兩排士兵走在閱兵路線上，形成一道走廊。天氣很暖，不時有士兵暈倒，被白衣人抬開。

活動結束於下午三點。于滕目睹兩百五十萬紅衛兵遊行經過。

＊＊＊

一九六六年的十一慶典，是一九五〇年建國以來，曹日昌首度沒有獲邀觀禮，增義與何麗也沒帶啞鈴或鴿子參與遊行。他們一家四口都待在家裡。增義決定複習數學課本最後幾章，等學校復課他才不會跟不上。何麗決定效法哥哥，也溫習功課。今天心理學研究所的紅衛兵都去天安門廣場了，不會來禍害曹日昌。照說大家都在電視上觀看慶典，但曹家根本沒有打開電視。

孩子們寫作業的時候，色爾瑪通常在旁邊讀新一期的《綠色阿姆斯特丹人》，但自從她返回北京，就再也沒有收到過雜誌。她認為這是雜誌方面的行政疏失，每次寫信給佛斯先生，總要求他查詢究竟。後來她才知道，現在只有住在友誼賓館的人才收得到外國寄來的雜誌。那年十二月，《綠色阿姆斯特丹人》有一篇整版文章題為〈小紅書的教訓〉（"Lessen uit het rode boekje"），色爾瑪自然無緣讀到。

文章開始是牛津大學物理學講師門德爾頌（Kurt Mendelssohn）的遊記。他應中國科技大學邀請前來。離開英國時有人提醒他，說中國政局並不穩定。抵達中國後，「等待我們的是掌聲和揮舞的小紅書。我們有什麼疑慮也都因這熱烈歡迎而驅散了。」

門德爾頌夫婦搭火車和飛機旅遊中國各地，服務員還朗讀小紅書給他們聽。「綜藝節目或雜耍表演的空檔，會有人到幕前朗讀毛語錄，觀眾都鄭重其事複誦。」門德爾頌此行完全觀察不到中國物理學究竟是何水準，「目前多數大學中學都沒有正常上課，但這不表示年輕人都閒著。我們被告知，年輕人正忙於改造老師們的陳舊觀點。這聽起來很嚴酷，但從外表看來，我們遇見的老師似乎都很高興。」

門德爾頌積極看待中國的發展：

> 紅衛兵是年輕的積極分子，他們接受訓練，以實踐毛澤東的教導。他們是好戰組織，但並非軍國主義組織。他們的武器是筆，或者更確切的說，是毛筆，而不是步槍。他們的最終目標是建立新的社會主義社會，這社會裡的每個人都各盡所能、各取所需。年輕人相信中國將引領世界，開創人類新紀元。

還有一篇採訪與門德爾頌遊記並列，受訪者是一名俄羅斯學生，一九六六年夏天來到中國，想在北大學習中文和歷史，但他想跟的教授被打為「反革命分子」，接手的老師上課只讀毛語錄，如今他就和其他俄羅斯人一樣，被勒令離開中國。

大學裡的紅衛兵下令，所有反動派胸前都要掛名牌，還要寫明他們屬於「黑五類」的哪一類。* 令我吃驚的是，我們黨委書記和系主任也被打為反革命分子。紅衛兵剃光他們頭髮，讓他們和其他教授在一起，從早到晚在墓地做沉重工作。我們看到他們被迫用鏟子挖出運動場，再用滾筒把地整平。我們搭公車的時候看到，紅衛兵圍著街頭兩具死屍手舞足蹈。

于滕夫婦於十月六日乘火車離開北京，但沒能與色爾瑪道別。自從她由荷蘭回來，他們始終沒有機會再見。

* 譯註：黑五類：地主、富農、反革命分子、壞分子、右派，簡稱「地富反壞右」。其中地主是農村的稱法，在城市稱為房產主。

信至荷蘭與英國

佛斯先生回荷蘭後密切注意中國情況，但眼疾使他視力逐漸惡化，現在得借助放大鏡才能閱讀相關報導。一九六六年十一月八日，《自由人民報》派駐在中國的加拿大籍記者歐安西亞（David Oancia）有一篇報導，說太多年輕人搭乘火車或公車，在中國各地「串連」，現在當局命年輕人改為步行。「交通量過大導致全國交通系統擁塞，之後出現這樣的命令，這絕非巧合。大眾運輸於是停頓數日，鐵路系統終於能夠喘口氣。」

年輕人要在全國各地「傳播革命」。學校發放免費火車票給紅衛兵和背景「清白」的學生，後來發覺還有多的車票，就發給其他學生，這當中也包括增義與何麗。

增義和一個同學一起搭火車前往西安，兩天後回到家，何麗就啟程和同學一起去廣州。她和同學搭上一班擁擠火車，行李架，座位下，到處擠滿年輕人。她們離開北京時天氣很冷，廣州卻是熱帶天候。何麗記得「到處綠意盎然。我們免費住在一所學校，在食堂用餐也免費」。她們去參觀大學，閱讀牆上的大字報，依規定做筆記，回北京後還得繳上。

廣州行期間，旁人好奇何麗的外貌，許多人向她同學詢問究竟。不過沒人知道何麗的背景，她反而感覺比在北京自在，倒也隨遇而安，連廣州人愛吃猴子，處處買得到猴子也不以為怪。她回到北京後告訴色爾瑪，她擔心廣州學校食堂不乾淨，買了碗筷自用，色爾瑪驕傲的說：「我可把你教好了。」

一九六七年一月，《自由人民報》又刊出歐安西亞的報導：「文化大革命現在集中於工業方面。紅衛兵被派往工廠。」數天後歐安西亞寫道：「學生與工人發生衝突，有人因此死亡。」

歐安西亞報導指出，文革打斷中國經濟，「農業產量、工業產量和對外貿易都減少了」，農民積怨益深，「有些人放棄田地，前往大都市」。不久後他開車外出，遭到大批紅衛兵攻擊，警察卻袖手旁觀，結果紅衛兵「砸毀全部車窗，車身幾無完鐵」。照理說，軍人應該維持秩序，但紅衛兵顯然只效忠毛澤東，想自己傳播革命，局勢每下愈況。四川甚至發生軍方捲入的事件，「其他省分也爆發激烈戰鬥」，更糟的是，「毛澤東恐懼遭人暗殺」，中國於是爆發內戰。

佛斯先生非常擔心，寫信給色爾瑪，卻沒有很快收到回覆。他連續寫信，色爾瑪終於回信，信中強調北京並無異狀，只是溽暑讓她筋疲力盡：「實在沒力氣。我們從早到晚汗流浹背，廚房溫度超過四十度。我每天拖地都汗如雨下。爸爸你知道這裡的天氣。」

佛斯先生問起兩個孩子，她回答孩子還是正常去學校，只是沒課，「去上學就是打架。他們通常早上去幾個小時，有時候下午才去。我只能寫這些。」情況顯然很不正常。

至於曹家居住問題，色爾瑪寫道：「上次搜索檢查是很久以前的事，但直到現在還不知道結果，你想像得到，我當然很擔心。有時候高級員工一家四口可以用三房，普通員工四口就只能住兩房。這當然全都顛倒了，實在需要盡快改變。」她還語帶諷刺暗示，不久曹家可能得把住處讓給研究所的司機或門房。

信中不再提起海邊度假或友誼賓館游泳。那都是過眼雲煙。現在她沒有工作，以前享有的特權都被取消，雖然並不缺乏食物，「蔬菜水果很多。增義每天都給家裡買肉，也給貓買些好吃的」。她信中較常談到家人健康：「昌感冒時好時壞，一直沒有好轉，我試過各種方法，似乎都沒幫助。一定是氣候問題，換環境恐怕是唯一方法。慢性支氣管炎就是這樣。」

她信中提到何麗經常頭痛，而且一看電視就頭暈，醫生卻說沒有任何問題。話雖如此，色爾瑪為求安心，還去詢問別的醫生。佛斯先生的回覆已不得而知，也許當時他就認為這些都是壓力導致的健康問題。

那之後一個月，色爾瑪有個朋友即將離開中國，可以把信帶到境外投遞。那封信所署日期為一九六七年九月二十日，寄給前同事英國人戴安娜，一年前她去英國時兩人曾見過面。這封信的內容與其他信件截然相反。

文化大革命愈演愈烈。權力掌握在狂熱的反叛者手裡，他們瘋狂對彼此開槍——就是字面這個意思！我們語言學院發生武鬥，現在可能都還在進行。我們學校裡有三個派系（每個地方大概都有兩三個），一個當權，一個反對派。一切都為了毛澤東，但當權集團也想自己保有權力，於是發生鬥爭。黨在哪裡都不運作，所以一切都失靈了。警察也沒了，入室行竊很普遍。

她在別的信裡總不提曹日昌，現在她在給戴安娜的信裡透露：「他和科學院其他一百名科學家都被打為第四類，反黨反社會主義修正主義者。這一百人都是黨員。若非這是個悲劇，簡直滑天下之大稽。」她還提到何麗所屬的班級通過體檢，可以下鄉了。這事已經討論很長時間，但還不清楚何麗何時離開。不久也會輪到增義。若孩子們去了遠方，而曹日昌被定罪，「我就得離婚，設法離開這國家。問題是，這會不會是從煎鍋跳進火坑？」

色爾瑪和戴安娜稱為「百分之兩百」的人現在也遇上麻煩，色爾瑪對此毫不同情。美國人李敦白原本在中央廣播電台工作，也在友誼賓館從事間諜與宣傳活動，文革初期上書毛澤東，請求允許外國人參加革命。他與英國人夏皮洛（Michael Shapiro）一起，將好戰的外國人統一在毛澤東的白求恩—延安造反旅旗幟下。每次有反蘇修反英帝的示威遊行，這群人都會參加，八月還參與襲擊英國代辦處。色爾瑪給戴安娜的信中說，代辦處大樓被燒毀，工作人員遭到毆打虐待。

不過這些參與革命的外國人現在也遭指控，說他們接受「修正主義領導」。色爾瑪信中寫道：「李敦白從電台消失，夏皮洛也被人攻擊。事實上所有人，所有受人敬重的人，都遭到攻擊。這就是超級革命者的下場。」

最後她寫道，中國確實一團糟，而「我很謹慎，只對你才寫這些。向你和家人致上關愛。別擔心，我還很堅強。」

大掃除

一九六七年十月二十六日，希爾在桑普特舉行婚禮。他們的新居完工了，當初色爾瑪陪他們大老遠去買的沙發也送到，擺在客廳，他們很感驕傲。色爾瑪寫信給佛斯先生和柯莉：「首先，我們向你們致上熱烈的祝賀，祝你們的新兒媳幸福快樂！希望你們兩人度過愉快的一天。我希望柯莉沒有慶祝過頭，而不得不休息。」事實上她並沒有好消息可與家人分享。為了不破壞氣氛，她不得不寫點什麼，並解釋她何以這麼久不來信：

我們太忙了。男人們在鄉下待了十天，增義隨學校去，昌隨他們研究所去。何麗本來也要去，但卡車空間不夠，她又不想爭地方，就回來了。這有點像是十天的工作假期，我們把屋子從上到下打掃得乾乾淨淨，纖塵不染。沒聽收音機。

她沒在信裡解釋曹日昌下鄉做什麼，也沒提到他是否還受同事羞辱折磨。與此同時，荷蘭媒體持續報導令人不安的消息。《自由人民報》說，中國各地各個機構都發生激烈鬥爭，但留在中國的外籍記者寥寥無幾，以至於很難釐清事情經過。香港的報導指稱有許多屍體被沖上香港海岸。許多觀察家在香港報導中國情況，他們在各地查訪，使用當地語言，收聽當地廣播，分析到手的出版品。他們認為，文革派系鬥爭死了許多人，受害者屍體被扔進河裡，最終被水流帶往香港。

同一時間，科學院宿舍倒很安寧。紅衛兵沒有再來。曹家父子下鄉這段時間，色爾瑪與何麗待在家裡，著魔般做著清潔工作。各路人馬正爭奪電視廣播資源，導致所有電視頻道停擺，收音機只播放革命音樂和造反派演講。

色爾瑪信中寫道：「只有我們兩人，三餐很簡便。烹飪也不麻煩，因為我們兩人吃得很少。晚上我們用拆開的毛線織毛衣。」她期望今年冬天不要太難熬。現在哪裡也買不到煤，家裡雖有煤，在灶裡卻燃不起來。原本他們以灶熱水，一家人晚上能在廚房淋浴，現在灶既無用，只好在原來淋浴處以煤磚煮飯，因此也不再能淋浴了。她還說，缺煤對貓咪穆蒙來說最是糟糕：「爸爸大概記得牠愛睡在廚房灶邊。現在牠很可憐，總是很冷。我在牠的籃子上做了屋頂和掛銅熱水瓶的掛鉤。現在牠就這樣睡在增義腳下。」

色爾瑪瘦了，不得不把冬天外套改小。曹日昌也瘦了。孩子們倒沒有變瘦，只是增義一點都沒長高。他已經很高了，長太高會讓他買不到合適尺碼的鞋子。

信寫到最後，色爾瑪說曹日昌和增義都從鄉下回來了，但沒有詳述他們在鄉下有何經歷。她提到增義聽說，學校從十一月一日起將重新開放，全家都很高興：

增義已經收拾好課本，正認真複習。何麗沒那麼愛上課，從容以對。她在家裡很幫忙，所以我做了她喜歡的鹹派。可悲的是，學校依舊關閉。

色爾瑪在下一封信裡解釋他們一家如何艱難過冬。她說，曹日昌又得下鄉一次，「這可不是容易的事」。她用應急的爐子燒水洗衣。天氣冷了，她擔心又會出現食物短缺問題，要增義在花園裡建一個地窖，可以儲存大白菜。現在商店前都大排長龍，很難買到洋蔥、胡蘿蔔和馬鈴薯。以前色爾瑪在城東的外交官商店買麵包、乳酪和蛋糕，現在那商店也關閉了。

每週色爾瑪都會搭三十二路公車前往友誼賓館，看看那裡的商店有無東西可買，順道拜訪敏浩特。他已經恢復健康，想回荷蘭，但文革期間中蘇關係格外動盪，不可能乘火車途經莫斯科，因此他在等待荷蘭貨船靠港，可是局面太過混亂，恐怕還要等很長時間。

一九六八年一月，冬天極為冰冷，色爾瑪信中說「增義與何麗都穿得像北極熊一樣去上學。不只因為沒暖氣，也因為窗玻璃短缺」。文革鬥爭幾乎砸盡所有學校門窗。有一天晚上氣溫降到零下二十度，入冬時色爾瑪搬進室內的植物都結凍了。增義帶著佛斯先生送的溜冰鞋出去探險，但很快又跑回來，因為有不同派系的紅衛兵在冰上激戰，他不想蹚這渾水。快十二歲的貓咪穆蒙生病了，好在色爾瑪用藥房買來的藥治好牠。她信中提到何麗快要織完毛衣，「現在只剩半個袖子」。

色爾瑪已經習慣新的爐子，還說新爐用煤球，產生的粉塵比煤炭少得多。她為新年炸了麵糊球，* 「沒有酵母，我只能盡力而為」。為了讓增義與何麗善用時間，她每天都給他們上幾小時英語和荷語課。「冷得要命，冷得用手握門把，馬上就會黏住。衣服洗過還沒拿起來，就在水桶裡凍住了。這是來自西伯利亞的寒風。只能自己振作了。」

一九六八年三月二十三日，色爾瑪給父親寫了最後一封信，祝賀他四月二日生日快樂。她的信很樂觀，好像一切都會好起來。她信裡依舊隻字不提曹日昌。院裡丁香正含苞待放，

＊譯註：麵糊球（oliebollen）是荷蘭傳統的新年甜點。

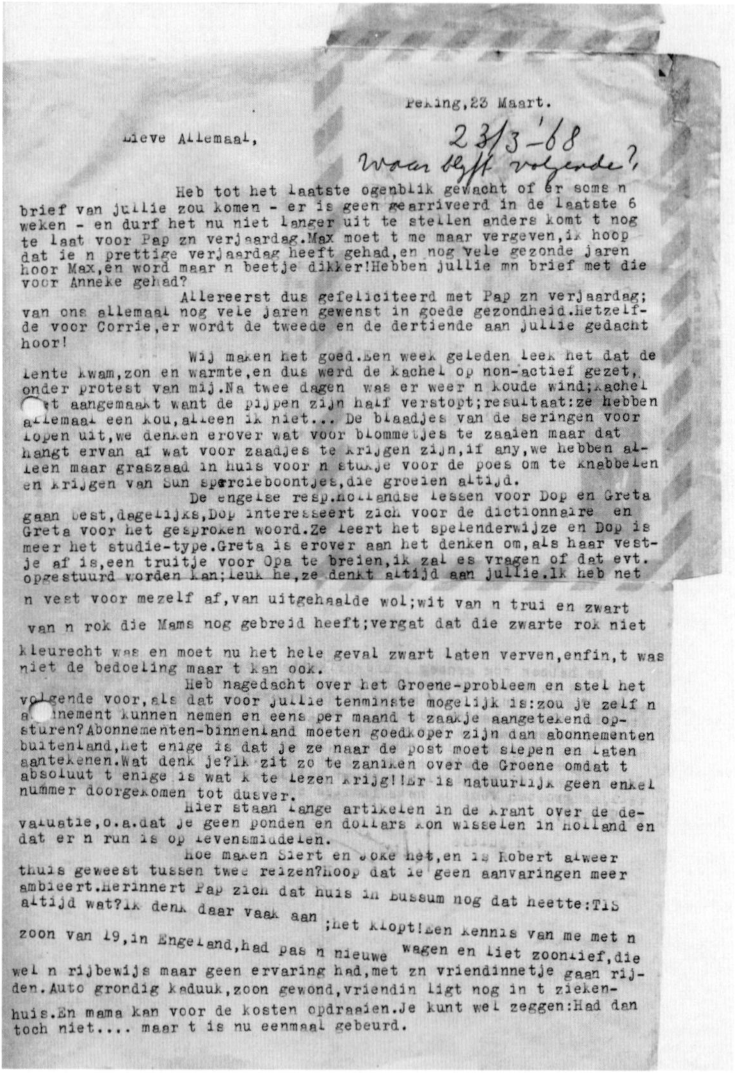

Peking,23 Maart.

23/3-'68
Waar blijft volgende?

Lieve Allemaal,

Heb tot het laatste ogenblik gewacht of er soms n brief van jullie zou komen - er is geen gearriveerd in de laatste 6 weken - en durf het nu niet langer uit te stellen anders komt t nog te laat voor Pap zn verjaardag.Max moet t me maar vergeven,ik hoop dat je n prettige verjaardag heeft gehad,en nog vele gezonde jaren hoor Max,en word maar n beetje dikker!Hebben jullie mn brief met die voor Anneke gehad?

Allereerst dus gefeliciteerd met Pap zn verjaardag; van ons allemaal nog vele jaren gewenst in goede gezondheid.Hetzelfde voor Corrie,er wordt de tweede en de dertiende aan jullie gedacht hoor!

Wij maken het goed.Een week geleden leek het dat de lente kwam,zon en warmte,en dus werd de kachel op non-actief gezet, onder protest van mij.Na twee dagen was er weer n koude wind;kachel [illegible]t aangemaakt want de pijpen zijn half verstopt;resultaat:ze hebben allemaal een kou,alleen ik niet... De blaadjes van de seringen voor lopen uit,we denken erover wat voor blommetjes te zaaien maar dat hangt ervan af wat voor zaadjes te krijgen zijn,if any,we hebben alleen maar graszaad in huis voor n stukje voor de poes om te knabbelen en krijgen van Sun sperzieboontjes,die groeien altijd.

De engelse resp.hollandse lessen voor Dop en Greta gaan best,dagelijks,Dop interesseert zich voor de dictionnaire en Greta voor het gesproken woord.Ze leert het spelenderwijze en Dop is meer het studie-type.Greta is erover aan het denken om,als haar vestje af is,een truitje voor Opa te breien,ik zal es vragen of dat evt. opgestuurd worden kan;leuk he,ze denkt altijd aan jullie.Ik heb net n vest voor mezelf af,van uitgehaalde wol;wit van n trui en zwart van n rok die Mams nog gebreid heeft;vergat dat die zwarte rok niet kleurecht was en moet nu het hele geval zwart laten verven,enfin,t was niet de bedoeling maar t kan ook.

Heb nagedacht over het Groene-probleem en stel het volgende voor,als dat voor jullie tenminste mogelijk is:zou je zelf n a[illegible]nement kunnen nemen en eens per maand t zaakje aangetekend opsturen?Abonnementen-binnenland moeten goedkoper zijn dan abonnementen buitenland,het enige is dat je ze naar de post moet slepen en laten aantekenen.Wat denk je?Ik zit zo te zaniken over de Groene omdat t absoluut t enige is wat k te lezen krijg!!Er is natuurlijk geen enkel nummer doorgekomen tot dusver.

Hier staan lange artikelen in de krant over de devaluatie,o.a.dat je geen ponden en dollars kon wisselen in Holland en dat er n run is op levensmiddelen.

Hoe maken Siert en Joke het,en is Robert alweer thuis geweest tussen twee reizen?Hoop dat ie geen aanvaringen meer ambieert.Herinnert Pap zich dat huis in Bussum nog dat heette:T1S altijd wat?Ik denk daar vaak aan ;het klopt!Een kennis van me met n zoon van 19,in Engeland,had pas n nieuwe wagen en liet zoonlief,die wel n rijbewijs maar geen ervaring had,met zn vriendinnetje gaan rijden. Auto grondig kaduuk,zoon gewond,vriendin ligt nog in t ziekenhuis.En mama kan voor de kosten opdraaien.Je kunt wel zeggen:Had dan toch niet.... maar t is nu eenmaal gebeurd.

色爾瑪寫給父親的最後一封信，署日期一九六八年三月二十三日，第一段祝父親生日快樂，還說希望信不會太晚抵達。

她打算找到花種就去種。好處是她找到一些草的種子，可以為愛嚼草的貓咪穆蒙種草。有人答應要給她扁豆種子，扁豆總是很容易長起來。空中瀰漫一股春天氣息。色爾瑪多數時候都在家裡照顧小孩，不知情的人恐怕以為她在放長假。

> 增義有時候會按照食譜做飯。你看了一定會笑死。他忙起來就和你一樣！更別說他的技能了。他喜歡修理東西，雖然沒什麼機會練習，還是做得很漂亮，還能用縫紉機自己修補褲子。

何麗正為佛斯先生織毛衣，色爾瑪還得去打聽能不能寄出。她自己正在編織一件黑白開襟衫，白色羊毛取自一件不穿的舊毛衣，黑色是戰前她母親為她編織的一條裙子。

色爾瑪信中全無抱怨。她手邊煤球夠數週之用，用完以後也知道往哪裡添補。最後她說：「其實我們應該像鄰居那樣一次準備半年的量。但我是個有公德的人。要是我們拿太多，其他人就不夠用了。」

在那之後，佛斯先生就沒了女兒消息。他多次寫信，都石沉大海。一九六八年初夏，他收到一紙航空郵簡。裁開郵簡並反折後，內容是中文寫就，左上角以荷蘭文寫著「姥爺」，之後是中文：

姥爺：

六月三日的來信已於十一日收到。爸爸和媽媽已經有三個月不在家了。我們兩個生活還可以，請放心。祝您身體健康，並祝全家身體健康。

XXXX

何麗

增義

一九六八年六月十九日

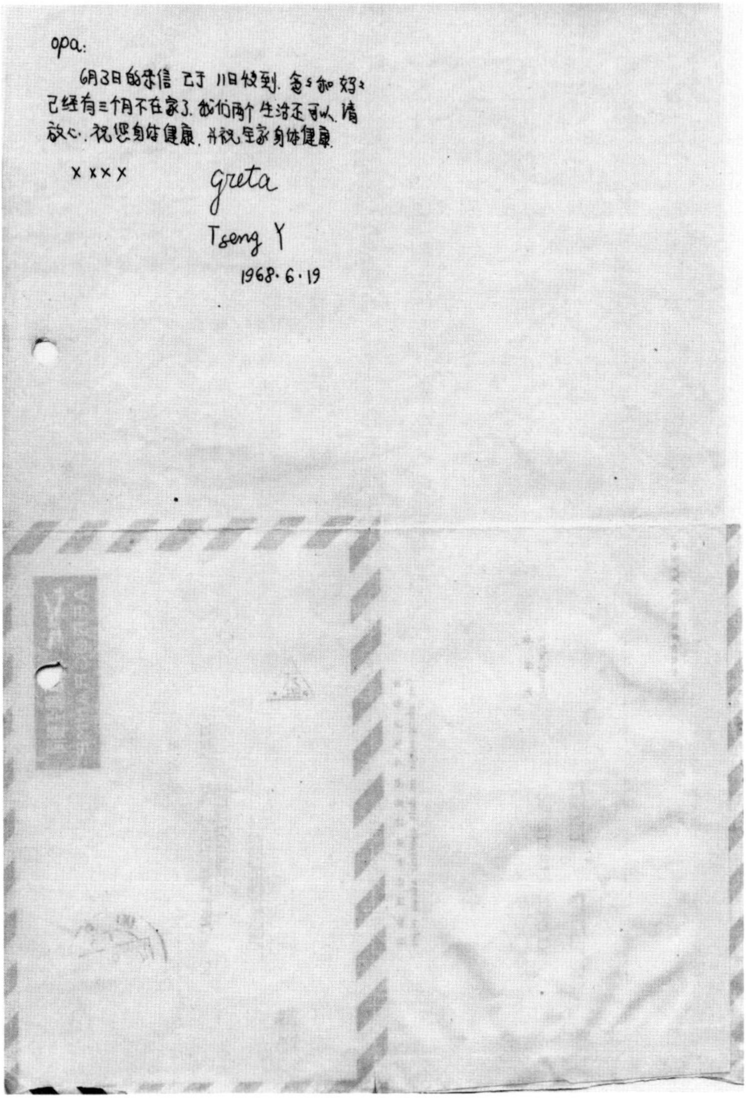
opa:

6月3日的来信 已于 11日收到. 爸爸和妈妈已经有三个月不在家了. 我们两个生活还可以. 请放心. 祝您身体健康. 并祝全家身体健康.

xxxx greta

Tseng Y

1968.6.19

兩兄妹寄給佛斯先生的信，由增義執筆。

逮捕

一九六八年三月那個要命的晚上，他們一家本來打算晚餐吃餃子。

那之前不久，他們再度獲准僱用家務幫手。新褓母很年輕，帶著六個孩子，每週來幾次，給曹家做晚餐。那天晚上，褓母把餃子都準備好了，撒上麵粉以防沾黏，但曹日昌比平常晚回來，色爾瑪於是要褓母先不要下餃子。

有人敲門。何麗去應門，兩名心理所的工作人員走進來，看著色爾瑪。

「能陪我們走一趟所裡嗎？」其中一人說，「我們想聊聊。」

色爾瑪似乎有點驚訝，但立刻同意了。她拿起外套，臨走前對褓母說：「回家吧。我們自己下餃子。」

增義與何麗在家等著，以為父母很快就會回來。二十分鐘過後，心理所來了一隊人，全都擠進曹家，其中一人說要「檢查房屋」。這些人把屋子搞得天翻地覆，程度與色爾瑪從荷蘭回來之前差不多。他們拿出櫥櫃裡所有東西，扔在地上，信件和文件都收進袋子，逐頁翻過所有書籍，檢查是否有隱藏的字跡和訊息。

「給你們父母收拾一下。」一名男子下令。他們直到此刻才明白，原來這天晚上父母不會回家了，他們兩人都被捕了。增義與何麗迅速收拾衣物和盥洗用具，交給對方。那夥人離去之前，那人說：「你父親是修正主義者，工資不會再發了。你們每人可以向心理所領十八元，每月一次。」

第二天早上，增義與何麗出門買東西，發現院子裡五十戶人家，沒人敢和他們目光交會，顯然都知道曹日昌與色爾瑪被捕。他們感覺自己好像賤民，唯有唐家阿妞，一直都是何麗的好朋友，現在向他們投以同情目光，讓他們好過一些。他們購物完回家時，遇到隔壁的熊先生，他在動物所也受迫害，每天都得從事有辱斯文的繁重工作，但還是低聲對兄妹倆說了幾句安慰打氣的話。

增義第一次去心理所領錢，向門房說明來意，不久出來一個人，他認得這人上次也去搜過家裡。他從那人手裡簽收十八元，心想那人應該會叫他為父母準備乾淨衣服，但對方沒說，他也不敢提，更不敢詢問父母狀況。他們兄妹都擔心父母食物夠不夠，晚上能不能睡覺，後來才知道，曹日昌和色爾瑪打從一開始就被分開拘禁。

關於文革時期的「清理階級隊伍」運動，歷史學家史景遷（Jonathan Spence）指出，「被調查者都承受巨大的心理壓力……想要倖免，『坦承』錯誤至為重要，頑固保持沉默或堅持清白正義，可能招來惡毒的懲罰和持續的群體壓力。」而曹家正是這種階級清理運動的受害者。

大家都像被繩子串在一起。曹日昌的上級或朋友若遭指控，這指控成為對曹日昌不利的證據，曹日昌遭指控時，他的門生故舊也都連帶受到懷疑，被迫告發以求自保。曹日昌的一名助手後來說：「不這麼做的話，我自己也會被關。同時，整個心理所也連根毀了，整個科學界都有罪。但曹太太到底受到什麼指控，始終沒有對外公開。對外只說『她被隔離審察』。曹太太是外國人，足以讓人懷疑她可能是外國間諜而將之關押。」

科學機構變成監獄，乍聽頗不尋常，實則當時許多大學、工廠、學校都有充作牢房的棚屋或院子。色爾瑪的朋友艾爾蜜的丈夫當時被關押在任教的語言學院，他逃去向北京市政府投訴，說教育機構無權監禁人，但無人理會這套道理，他又落入原先折磨他的人手裡。不久後他兒子林白曦接到通知，要他準備父親的換洗衣服，他帶著乾淨衣服去，領回來的衣服卻是血跡斑斑。

現在養寵物必須登記，但增義與何麗不予理會，設法將穆蒙藏在家裡。院中所有鄰居都知道穆蒙的存在，但截至目前為止，還沒有人出賣穆蒙。增義與何麗給牠好吃的東西，每晚都在牠的籃子裡放一個熱水瓶，雖說現在也快到夏天了。他們和色爾瑪一樣，每週一次用洗髮精給牠洗澡。洗完澡後，牠頭上的黑色 V 字更加顯眼。色爾瑪總是說，這個 V 代表佛斯家。

現在增義十九歲，何麗十八歲，每週上學一兩次。增義在以前上課的地方和同學碰面，討論最新局勢。他沒和同學提起自家情況，但他認為同學們都心知肚明。再說，他大概有一半同學家庭都有問題，他家情況並不特殊。他有個同學的父親在中央電視台擔任要職，現在也被指為「走資派」，改從事體力勞動，說不定也被捕了，不過他同學和他一樣緘口不談。他另有一個同學的祖父母出身富裕家庭，一九四九年所有財產被沒收，自此一貧如洗，子孫卻背負「反革命」的污名至今。他有幾個同學對當前情況看法與他相同，會彼此交換有趣訊息，例如毛主席同時和眾多女人上床的傳聞。那時他們都不知道這是真是假，多年後，增義讀到李志綏的《毛澤東私人醫生回憶錄》，證實當年傳聞不虛。

增義有時和同學騎車到城外的大學看大字報，畢竟大學生比中學學生更了解情況。大學報紙也刊載最新消息，不像黨報充斥無聊宣傳。大學報紙會披露又有誰倒台了，誰指控他們，罪名如何等等。男孩們就靠這些來了解情況。

增義外出總是很小心，後來索性不單獨出去，總是與別人一起。後來他說：「萬一和紅衛兵發生矛盾，沒人幫得了你。」

鄰居對他們避之唯恐不及，這他們早已習慣，不過四下無人時唐家阿妞會和他們簡短交談。還有一次何麗外出購物，經過唐家，唐太太站在門外，向她打個手勢，將一把鈔票塞進她的籃子。後來何麗說：「這筆錢，還有這舉動，對我們是極大的支持。」

增義與何麗知道許多朋友家裡出問題，也不敢去拜訪。何麗的小學同學黃舒誼與清室有戚，有一次她經過舒誼家門口，看到台階上擺滿破爛家具，顯然已被掃地出門，她都不敢想像這家人是何景況。

現在街頭不僅有紅衛兵成群結隊，還有活躍的犯罪團伙。後來增義與何麗才知道，色爾瑪的法國朋友潔曼的兩個兒子都加入一個盜竊集團。

劇院裡只演樣板戲。圖書館都關了，家裡的書早被心理研究所的紅衛兵拿走。經典文學早在多年前就被禁，俄羅斯文學尤其，當局說這些都是「封建遺毒」，這反而讓兩兄妹更加好奇。增義認識一群搞違禁品交易的男生，設法弄來一本托爾斯泰的《戰爭與和平》，兄妹輪流閱讀這本書，十分謹慎小心，一有風吹草動，就把書藏到櫥櫃裡，鍋碗瓢盆後面。

佛斯先生來過幾封信。老人沒了女兒消息，顯然非常擔心。增義與何麗知道回信會被檢查，紅衛兵一定上門盤問他們與外國聯絡的內容，但他們非回信不可，只好簡短為之。

自從何麗體檢通過，她就預期自己躲不過下鄉。此事延宕許久，到了八月中旬，她果然接到通知，幾週內就得離開北京，前往內蒙古。

北京等各大城市數百萬青年處境也是如此。學校停課已有兩年，短期內也看不出復課可能。教師都被指控，或者投入監獄，或者乾脆被殺。四處遊蕩的年輕人愈來愈多，人數每年都在增加，犯罪也變多了，情況變得難以控制。現在有個新成立的單位忙於組織青年下鄉，未成年子女必須徵得父母同意才能合法離開，增義與何麗把握這個機會，向心理研究所要求會見父母。他們在心理研究所門口說明來意，裡面出來一個人，叫他們「週日再來」。

探望雙親

增義與何麗在一個房間裡等待會見父母。這裡以前是實驗室，如今空蕩骯髒。研究所不從事研究，實驗室自然也廢棄了。

「記得，不准說外語！」領他們進來的心理所代表大聲咆哮。

增義與何麗點頭。然後門開了，兩個女看守領色爾瑪進來。這是兄妹倆五個月來第一次見到母親，她還穿著很久以前他們送來的裙子，非常消瘦，他們甚至懷疑，這裡的人是不是只給她吃草根樹皮。不過她顯然很高興見到兩個孩子。

「你們怎麼樣？」色爾瑪問。

「很好。」兩兄妹回答，感覺很不自在。

那三人待在屋裡，留神細聽母子三人對話，彷彿他們是什麼窮凶極惡的罪犯。

「我馬上就要動身去內蒙了。」何麗輕聲說，「我來徵求你的許可和建議。我該帶什麼呢？」

色爾瑪臉上掠過焦急神色。那兩名女看守之一尖聲叫道：「你女兒要接受農民再教育！因為她母親是文革的敵人！」

色爾瑪還在思索詞語的時候，另一名女子又叫道：「只准說中文！」

「你要帶保暖的衣服。」色爾瑪說，「還有結實的鞋子和冬靴。」

何麗點頭表示了解。她很想知道母親過得如何，但心裡也很清楚，母親無法回答這個問題。

「你需要什麼嗎？我們給你帶來？」增義問。

「不用。別擔心。」色爾瑪回答，說完就被帶走了。

十五分鐘後，兩名心理所的造反派帶著曹日昌進來。他不像色爾瑪，沒對兩個孩子微笑，顯得很僵硬，只說了一些場面話：「很好，你去農村接受農民再教育。好好聽聽農民怎麼說，好為文化大革命做出貢獻。」

曹日昌一直是忠誠的共產黨員，但增義與何麗從來沒聽他說過這樣的話。他顯然擔心何麗下鄉，任何父母都會擔心，但此刻他竟不能表達憂慮，顯示情況非常糟糕。直到他們要走了，才依稀瞥見記憶裡的父親——曹日昌看著增義，沉聲說：「現在你是一家之主了。」

那天之後，增義拿出十八年前全家前來北京時用過的綠色手提箱。何麗按照色爾瑪的交代收拾衣物，鄉下不穿的裙子等物全都留下。增義就像色爾瑪，很擅於收拾，有一雙「佛斯家的手」，現在他把所有東西摺疊整齊，收入手提箱。他們兄妹各有一條厚厚的英國羊毛毯，是父母在劍橋買的，本來有好幾條，但被紅衛兵沒收了，說毯子是腐敗之物。為了不在鄉下引起注意，何麗決定不帶英國羊毛毯，只帶一條舊式棉被。其他大件的東西無法收入手提箱，得另外打包。出發前會有人到家裡來收集行李，預先運送過去。

增義將一綑鈔票包在手帕裡，交給何麗。他們父母被捕當天，心理所的紅衛兵來抄家，四下尋找「腐敗西方生活」的證據，對抽屜裡那四百元人民幣現金視若無睹——那是曹日昌從心理研究所領到的最後一筆工資。紅衛兵走後，增義藏起鈔票，到如今已用去大半，還剩下兩百塊錢。只要謹慎用度，這筆錢夠過好幾個月，不過增義所有錢都給了何麗。她將遠赴蒙古，身上必須有錢以備萬一，至於他自己，沒有這筆錢他也能活下來。

許多年後增義談起往日，他說，當天在心理研究所，他一眼就看出父親已經放棄希望，徹底死心了。

「他們迫害他兩年。」增義說，「最後五個月他都在監禁中度過。我父親建立心理研究所，為此付出十六年寶貴人生，而那一刻，他意識到一切終歸徒勞。全都毀了。更糟的是，他把我母親帶到中國，把她也拖入痛苦深淵。」

他們獲准行前來向父母告別。於是八月的最後一個週日，他們再度來到心理所，又被領到一個空蕩房間等待。這次色爾瑪和上次很不一樣。她舉止僵硬有如機械，也不說話。「我幾天內就走了。」何麗說。但色爾瑪臉上毫無表情，眼神空洞看著前方，不久又被帶走。

十五分鐘後，曹日昌進來了，一左一右被兩個看守夾在中間。他聽何麗說「我過幾天就走了」，頓時潸然淚下。

增義說，多年後他才醒悟過來，當時曹日昌一定是想到他自己的父母犧牲多少，供他讀書上進，擺脫窮困，如今他女兒卻被下放農村，說不定得在那裡度完餘生，原來所有努力終歸白費，一切成就化為烏有。

何麗下鄉

送別何麗那天，增義騎車到火車站。一號月台邊有火車等候，還有許多送行家人。校車從側門開進車站，停在月台盡頭。數百名學生下了公車，都身著藍色衣褲，胸前別著有毛主席肖像的紅色胸章。火車站的制服員工開始敲打銅鑼，擴音器傳來扭曲尖銳的叫喊：「文化大革命改變全世界！毛主席萬歲！」

學生個個臉色慘白，在人群裡尋找親人。過了今天，他們恐怕很長一段時間都見不到面了。* 增義找不到何麗，但何麗很容易在人群裡發現高大的哥哥。她直直向他走來。廣播喇叭大聲播放革命歌曲，找到家人的學生都哭起來，車站裡哭聲震天，他們兄妹倆根本無法交談。車站工作人員再次敲響銅鑼，喇叭又傳來鏗鏘之聲：「革命青年們為文化大革命貢獻一切！毛主席萬歲！」

父母們知道下鄉的艱辛，更憂慮孩子的未來，都傷情流淚。何麗哭著站在哥哥身邊。自從父母被捕，增義就是她的力量來源，現在她卻得獨自北上。

增義還在努力克制情緒，對何麗大喊：「你一到就馬上寫信來！」收了信他就有妹妹的地址了。其實最終他也得下鄉，但至少留在北京期間，他可以照顧房子和貓咪穆蒙，也準備應對父母出事。

「全體上車！」汽笛劃破鼓與鐃鈸。何麗淚流滿面，跟著同學上了火車。革命音樂愈加響亮，送行的父母還在呼叫叮嚀，但孩子們已聽不清了。火車嘶嘶冒煙，載著六百名學生踏上陌生旅程。

日後何麗回憶當時，她說有些學生全程都在哭泣。她哭了幾個小時，後來安慰自己，還有許多人與她同病相憐。和她分配到同一個村莊的還有六男二女。她最要好的朋友香花就坐在旁邊。過去這段艱困時間裡，香花一直支持著她。香花自己家也有問題。她父母是普通工人，用積蓄買了一間小房子，出租其中一部分，紅衛兵將他們打為黑五類中最糟的「房產主」，經常殘忍折磨她父親。他們的房子被沒收了，獲准住在一個單間。何麗這一組人家裡都有困難，其中有個男生的叔叔一九四九年隨國民黨逃去台灣，他父母於是被貼

* 譯註：曹何麗女士說明，下鄉落戶是終身命令，因此眾人都以為此番生離就是死別。

上台灣「特務」的標籤。至於那些出身「清白」的學生往往可以透過關係免於下放，方式通常是由醫生開出應予延期的診斷。

數小時後，火車上氣氛開始好轉。何麗拿到一些糖果，也分給其他人。火車呼嘯通過蒼涼山地。天黑了，大家都昏昏欲睡。

隔天早上火車陸續開抵預定地點，學生一批批下車，火車愈來愈空，數小時後抵達終點站——內蒙首府呼和浩特。這裡只有磚砌棚屋和泥濘街道，何麗覺得怎樣也算不上城市。

何麗從車站櫃檯領回綠色手提箱和棉被。大家都領到行李後，他們上了一輛老舊公車，又被載離呼和浩特，過了大青山，來到一片廣大草原，沒有樹木，也沒有任何可資辨識的地標。他們這才發現，這裡沒有蒙古人，要怎麼在這裡生存呢？一個駕馬車的人在這等待，載他們進入山區，來到一個小村莊，全村共有十七間泥屋，每間圍以高牆，院子裡有如狼大犬拴著鏈子，對他們狺狺狂吠。

這些來自北京的學生震驚地環顧四周。他們要待在這裡？何麗與另外兩個女孩在一堵圍繞泥屋的牆前下車，男生被帶往其他屋子。一個裹小腳的女人在門前等待三個女孩，身後是她丈夫和一個害羞的十幾歲兒子。女孩們要暫時寄宿在這裡，等待新屋子建造完成。

好奇的婦女孩子包圍何麗三人。農民臉色黎黑，脖子和手上都沾滿黑色污垢，渾身散發酸溜體味。他們對女孩的外貌衣著指指點點，但何麗發現他們並不特別關注她，似乎看不出她的半西方容貌與其他女孩有何區別。他們品頭論足時沒有提到「外國人」，只竊竊私語，說她們是「北京來的」。

「來！來！」女主人步履艱難，打開一扇門，「你們可以在這裡住一段時間。這是為我兒子結婚準備的新房。」

女孩們被領進一間有灶的屋子，又走進一個地面骯髒的房間，這裡大半空間被炕佔滿。女主人向她們解釋如何點灶燒炕，生火之後如何用風箱來增加火焰。炕邊堆著一小堆乾糞，隨時可以用來生火。後來她兒子告訴女孩們在哪裡可以找到牛糞，如何晾乾。女人指給他們看水井位置，也把院裡廁所指給她們。

女孩們把被褥鋪在炕上。何麗注意到窗上糊著紙。這村裡似乎沒有玻璃，屋內也沒有家具，連張凳子也沒有。女人向她解釋，說這裡木頭與黃金一樣珍稀。

不久女孩們被帶到村委會，分配到其他家庭的男孩們也在那裡。村長來正式講話，談到「我們的任務」，又是「以文化大革命之名」云云，此外也以「遠離父母的孩子」熱情稱呼新來的年輕人。

有人搬進熱氣蒸騰的大鍋，一股羊膻味撲鼻而來。這羊肉是專門為他們準備的，村裡人只能乾看，但學生們沒見過這樣東西，都不敢吃。何麗想起以前每次她以挑剔眼光看著盤中食物，母親就說：「不吃就回你房間。」於是她咬了一口羊肉，發覺很好吃。她兩個同學還是不敢嘗試，只是一直盯著她，看她吃完整碗。日後何麗回憶說：「用不了多久，大家就開始為燕麥、胡蘿蔔和圓白菜燉羊肉廝殺爭奪了。村裡一年只有幾次吃肉的機會，大家都覺得這是美味佳餚。」

那天晚上，學生們各自回到寄宿家庭，房間裡光線極低，伸手不見五指。屋主拿來小心點起油燈，火光一照，蕭然土壁頓時人影搖曳。屋主笑著提醒她們：「動作別太大，小心火熄掉。火柴很貴的。」於是女孩們小心翼翼鑽入被窩。村裡的狗還在不安吠叫。

在那之前的村委會上，農民雖然對學生表示歡迎，但也明白地說，給村裡多添九張嘴吃飯，不是他們的主意，只是「我們在這上頭沒有發言權」。農民擔心城裡人工作不力，卻不會少吃。儘管顧慮如此，他們還是很關照學生。何麗說，她從村民感受到許多溫暖，與在北京時截然不同。

農民告訴學生們，一百年前，他們的祖先從山西逃荒來到內蒙山區，發現大片土地，根本無法耕種，農民卻如入桃花源境，但在何麗眼裡，這村莊沒有電，沒有燈，沒有收音機，沒有手電筒和縫紉機，時鐘、手錶、溫度計一概闕如，一切都得靠猜。她問村裡婦女在哪裡洗衣服，其中一人回答：「衣服越洗越壞。」村民也很少以水或肥皂洗身體，總是不斷搔首撓癢，有人向她解釋：「有人的地方就有蝨子。」

學生們在九月初抵達此地。這並非偶然，而是預先計劃好了，要讓他們幫忙收穫。隔天一早，村長就在村口喊叫，讓大家集合，要教學生們使用鐮刀，收割莜麥。他們得割得盡量貼近地面，因為莜麥莖和稻草一樣有用處。村長說，今天可能起風，大家動作得快一點，學生們每收割一把，就得儘快捆起。田裡收割的莜麥不能直接食用，因此下午結束收割，又有人向學生們示範如何加工莜麥，他們得學會自己做莜麥麵，這又是另一門本事。*

加工莜麥在一個棚內進行。莜麥放入一個巨大圓鍋，以大火烘烤，這過程會釋出許多細小絨毛，令何麗淚流不止。農民們都用繩子綁緊袖口和褲腳，以免帶刺絨毛鑽入衣服，能在裡面卡上好幾天。

第一天就這樣過去了，晚上女孩們筋疲力盡倒在炕上，第二天一大早又被叫醒，繼續收割。而後有一天，她們得在夜霜降臨之前趕快收穫馬鈴薯。

---

* 譯註：莜麥，學名裸燕麥（*Avena nuda*），原產於中國的一種燕麥，常見於內蒙、陝西、山西、河北等地。莜音「由」。

知青的生活就是幹活吃飯，偶爾參加村裡的政治課。不過只有男人來上政治課，女人得留在家裡帶孩子，學生們去上課，往往累得睜不開眼睛。

就這樣，十天過去了。那天收工之後，何麗疲憊不堪，倒在炕上，突然外面起了一陣喧鬧，然後一群人隨村長助理踏進屋內。村長助理之前去了附近一個村莊，收到一封給何麗的電報。這人顯然已經讀過電報，周遭農民也已經聽說電報內容，現在他挺直脊背，對著何麗大聲唸道：「立刻返回北京。」

噩耗

何麗下鄉之後，增義一個人住。他經常在學校食堂吃午飯，但學校停課多時，學生不多，食堂乏人清掃，變得很髒，他都寧可站著吃。革命委員會領導下的新行政人員會來這裡吃飯。他們在此做簿記，寫信。老師們也會來此吃飯，如今他們是「革命的敵人」，負責打掃廁所和拖地，沒人和他們說話，增義也不想和他們說話。食堂裡很安靜。

每次他到食堂，一進門先把飯票交給一名工作人員，另有一名工作人員咆哮要收一毛錢。他和其他人一樣，帶著自己的餐具，他的是鋁碗和木筷。第三個工作人員用勺子舀來米飯，扔進碗中，第四個工作人員扔上幾片白菜，一點肥肉。這些食物很難引起食慾，但至少讓他不必在家煮飯。他很快吃完，在水龍頭下沖淨碗筷，收進背包，騎單車離去。

那個週一早上，他決定今天也去學校吃午飯，說不定能碰到幾個同學，只是現在時間還早，他晚點再出門。突然門開了，一個鄰居女孩站在門口。

「你媽媽死了。」她說。

增義驚訝地看著她。

「有人這麼說。」女孩補充。

增義跑到屋外，從鄰居臉上看出他們都已經聽說消息。

他走進屋裡，自問該怎麼辦。媽媽怎麼會突然死了?不到兩週前，何麗要去內蒙之前，他們才見過媽媽，怎麼會突然就死了?她才四十七歲!

他的思緒突然被打斷——客廳裡站著兩名心理研究所的人，其中之一是色爾瑪回荷蘭時載他們一家去機場的司機。

「你得去研究所。」那人說。

「我媽媽死了?」增義問，但無人回答。

那兩人騎著單車離開，增義跟在他們後面，叫喊著：「我媽媽怎麼了?」兩個男人保持沉默。增義用力踩著踏板，超過他們，第一個來到研究所門口，違反規定直接騎車衝了過去。門房一臉驚訝跑出來。

有人領他前往一棟建築，裡頭有人在等他。那屋裡聚集大約十五人，一張張面孔憤怒扭曲，尖聲叫喊：「你媽想逃避懲罰!你媽是叛徒!你是叛徒的兒子!」增義發現他的中學政治老師也在其中。現在他相信母親真的死了，否則這老師不會在這裡。

「反革命間諜的兒子！」有人大叫。

增義無法回答，因為許多人衝著他喊叫，幾乎貼到臉上來。

曹日昌被帶進來。前一天他被帶去看色爾瑪的屍體，他崩潰了，現在也在哭。紅衛兵毆打他，逼他站起來，要他指控死去的妻子是叛徒，但他拒絕了。那些人又開始大喊：「告訴你兒子！他母親是間諜，想逃避懲罰！」增義現在聽懂了，色爾瑪是自殺死的，紅衛兵總是把自殺認定成畏罪。曹日昌發出咕噥聲，但紅衛兵不滿意，叫道：「你有責任讓讓兒子選擇正確道路！告訴他，他母親是叛徒！」曹日昌依舊拒絕，很快就被拖走了。

「你要看你媽屍體嗎？」一個女人對增義喊叫。

「不要！」他轉身要走，有人把色爾瑪的婚戒和手錶塞到他手裡。

「怎麼處理骨灰？」有人問。

「不知道！」增義大叫，在外面上車騎走了。

回到家，院裡所有人都想避開他，以前的褓母孫阿姨卻出現了。她住的院子與這裡只有一牆之隔。文革期間，許多家務幫手都告發攻擊原僱主，指責他們是叛徒，但孫阿姨不同。她來是為了安慰他。

之前在心理所的時候，政治老師叫他今天下午去學校。他知道這老師支持紅衛兵，對會面不抱期望，但他下午騎車去學校，情況倒也沒有他想得那麼糟。

「現在你必須堅強起來，走自己的路。」老師說。

增義低下頭，「我現在做什麼都不重要。這些事情會留在我的檔案裡。我父母都是革命的敵人。我母親想逃脫懲罰。我沒辦法選擇道路。」

老師點點頭，「但你還是得盡力而為。」

那天過後約一週，一個早晨，何麗出現了，陪她同來的是一同下鄉的同學小王。他們說了幾句話，增義說出事情經過，何麗當場就崩潰了。

她想見父親，但和增義一起去到心理所，卻被趕出來。

日後她說：「我一直無法相信，媽媽為了我們從荷蘭過來，為什麼會選擇這種方式離開我們？」

何麗在北京只能停留幾天。居委會知道她回來，馬上過來質問，你回來幹麼？有緊急家務嗎？你媽死了幾週了！你還在這裡幹麼？同一個女人隔天又來，在他們家門口大喊大叫，何麗不得不離開。

何麗走後，增義又是一個人了，只有貓咪穆蒙作伴。一天下午，心理研究所來了兩個人，說要辦一個曹家生活腐敗的展覽。起初增義都不敢相信自己的耳朵。他拒絕協助這些人，他們就自己動手，拿了曹日昌的西裝，還要拿他的英國網球拍和家裡的英式茶具。他們提著大包小包在院門外上車時，口裡還說「找個東西把貓也帶上」。

這些人的殘忍似乎永無止境。增義想像得到展覽會上情景。他們會強迫曹日昌，一個鰥夫，站在自己的財物旁，任人嘲笑毆打。他眼前模糊了。他迅速鎖上前門，跳上單車，直奔院外。那群人當中有人伸手來拉單車行李架，試圖阻止他。

「你去哪兒？還沒完呢！」那人怒喊。

增義不予理會，以最快速度騎車離開，直到天黑後才回來。他以為那些人會踹門進來，屋裡會亂成一團，但家裡很平靜，穆蒙安靜地躺在沙發上睡覺。之前他反抗這些人，現在他獨自坐在家裡，等人來逮捕他。

什麼都不重要了。

但什麼也沒發生。日子就這樣過去了。增義儘可能與同學朋友為伴，但他們能去的地方愈來愈少，很多公園都關閉了。後來他才知道，他們最愛的北海公園，如今已是毛澤東妻子江青的私人公園了。

獨自在京

色爾瑪過世一個月後，增義二十歲了。他聽說他們全班將被派往陝西，於是寫了一封信給學校，說家裡只有他一個人，他得照顧房子，不能離開。所幸學校允許他暫時留在北京。何麗待的蒙古村落黨支部放學生們回家過節，十二月中旬，何麗又回到北京。

那天兄妹兩人正在家裡看書，大院門房來了，說心理研究所來電，通知曹日昌被送往醫院。他們急忙趕去，發現曹日昌和其他五名病人同在一個房間，瘦得只剩皮包骨頭。他被診斷罹患肝癌，醫生說癌細胞已經擴散，無法醫治，讓他出院回家，現在起由子女供應食物及床單等各項用品，起居如廁都由子女照料。但心理所人員說，色爾瑪已經去世，何麗已由北京除籍，現在五十五平方米的屋子對曹日昌父子二人來說太過寬敞，他們得搬到小一點的地方。他們搬到心理所附近科學院宿舍內的一個房間。這裡空間正好夠放三張床，小煤爐勉強塞在角落，鍋碗瓢盆一應用物都收在床下。增義找到一個地方收存一些物品，但餐桌椅子櫥櫃沙發等大型家具都必須捨棄。搬新家讓貓咪穆蒙很緊張，一直躲在床鋪之間。至於他們的新鄰居，聽說曹家是革命對象，都滿臉敵意看著他們。

一切就緒後，曹日昌搬進這蕭然房間。癌症令他疼痛難當，增義去藥房買藥，但全然派不上用場。心理所的紅衛兵定期來審問，只要回答讓他們不滿意就大聲斥責。他們說，別人已經把他供出來了，他必須承認和那些人一起為西方從事間諜活動。

增義與何麗想要減輕父親痛苦，但一個居委會代表總是來打擾他們。那人聲音尖利，經常斥責何麗，說她沒有戶口，必須立刻離開。她出示內蒙的許可，但不被接受。

何麗不堪其擾，搬去與朋友同住。陪她同來的小王本來是來陪伴增義的，但他才到不久就被警察衝進來逮捕，說他沒有戶口。這麼一鬧，現在只剩增義守著父親。

「好好照顧你妹妹。」曹日昌這麼叮嚀。數小時後他就過世了。

隔天兄妹倆安排父親遺體火化。反正沒人敢和曹家往還，也就沒必要通知任何人了。遺體火化之後，他們偷偷在北京動物園和以前的鄰居熊家人碰面。現在只有熊家還敢鼓勵他們。熊家對曹日昌之死表示哀悼，並且安慰兩個孩子。同一週內，小王總算給放出來了，與何麗一起返回內蒙，留下增義獨自待在北京。新院子敵意處處，鄰居都在追捕貓咪穆蒙，增義只好把牠藏去別處。從現在起，他一個人住在有三張床的空房間裡。

有一天，門房在外呼叫，說有電話找他，他趕去時電話已經斷了，門房只知道「電話員說是河南打來的」，不過增義一聽就明白了。這一定是他下放河南的朋友藍山。他們同學彼此互稱「患難之交」，藍山和他約好了，只要他接到這種半途掛斷的電話，就知道藍山將搭下一班火車返回北京。

三年前，文革初起的時候，紅衛兵當著藍山全家的面打死他父親。他哥哥始終無法平復，後來不知怎麼的，被發現陳屍在鐵道旁。他還有兩個弟弟，現在由他母親獨力照顧，因此他一有機會就回北京探望，只是他沒錢買車票，總是藏身火車廁所天花板上。他們約定好，藍山來電八小時後，增義就帶著兩張月台票去等火車，這樣藍山才能安然出站。這兩個年輕人都在文革失去了兩名家人，如今舉目無親，只能彼此依靠。

有一天，門房又來了，說有人找增義。他出去一看，滿院居民好奇圍著一個人，那人騎著一輛西式摩托車前來，原來是荷蘭外館的信差。居民圍觀那摩托車的時候，信差拿出一封給「色爾瑪．曹太太」的信。從居民表情看來，他們似乎已經告訴這信差，他的雙親都已不在，可能還說了死因。

「你願意收信嗎？」信差問。

「是，當然。」增義回答，迅速簽了字。他只想趕快逃離這些人的視線，渾然不知簽收這封信的影響。

Chapter

8

下鄉生活

1969-1974

外事詢問

佛斯先生收到增義與何麗簡短來信，說父母已經三個月沒回家，立刻憂慮起來。那之後長達六個月的時間裡，他屢次與荷蘭外交部交涉，希望知道女兒女婿究竟遇上什麼問題。一九六八年七月八日，他再度致信海牙，詢問：「是否可能以最謹慎的方式，透過臨時代辦啟動調查？」他預先致上感謝，外交部則回覆「將考慮此一可能」，之後就沒了消息。八月二十五日，也就是色爾瑪過世前兩週，佛斯先生又寫信給外交部，語氣更加急切：

我深信此事已然獲得您的注意，但我還是想詢問，您在此期間是否有所聽聞？我十分關切，請原諒我因而追問不止。

一週後佛斯先生收到外交部通知，說荷蘭駐北京代辦試圖聯絡色爾瑪未果。佛斯先生無計可施，於一九六九年一月底向一位律師求助。律師建議立刻聯絡外交部總務主管西門斯先生（Frans Simons），據稱此人有辦法從北京使館拿到情報。

西門斯先生傳來的消息果然驚人：一九六七年五月三十一日，色爾瑪曾造訪使館，說她想把丈夫和兩個孩子留在中國，獨自離開，還討論到她要坐火車或搭飛機經莫斯科轉往荷蘭。使館並未知會佛斯先生這件事，雖說佛斯先生之前就向使館正式表明，只要色爾瑪尋求協助，他將承擔所有開銷，因為色爾瑪和曹日昌的銀行帳戶都被凍結，身上根本沒錢。

代辦處迫於西門斯壓力，不得不交代這些，還說，在色爾瑪的檔案裡發現「一張沒簽名的手寫便條」，那言下之意，儘管北京代辦處沒幾個工作人員，代辦卻不記得當時色爾瑪和誰交談過。代辦說，那檔案裡提到，色爾瑪的兩個孩子「都不想當紅衛兵」，顯然他們全家處境都很困難，亟需協助。事實上，色爾瑪是整個文革期間唯一不能離開中國的荷蘭人，代辦處上上下下都知道她的處境。然而之後色爾瑪沒再出現，代辦想當然耳，認為她遭到中國當局阻撓，不得不取消計畫。

多年以後，增義與何麗得以閱讀荷蘭使館檔案，多少能夠臆測當時情景。檔案顯示，代辦對色爾瑪的性格做出負面評價，說她敢言易怒，這在當年絕非恭維女性之詞。也許當時色爾瑪敲桌要求館方就她的「國籍問題」找出解決方案。她確實帶著荷蘭護照回來，且希望這能帶給她一些權利，但代辦說，她以中國人身分入境中國，他們愛莫能助。

又過了兩個月，也就是色爾瑪過世六個月後，西門斯通知佛斯先生，說外館信差到曹家遞送慶祝荷蘭女王節的邀請函，這才知道他們已經搬家，他把信送到新址，「曹太太不在家，但兩個孩子都在，看來健康狀況不錯。信差聽說，色爾瑪出門還是去辦什麼別的事情。她只是不在，應該沒什麼問題。」

但佛斯先生並不相信。他回信給西門斯：「只要有可能，我女兒一定會給我消息。」對他來說，色爾瑪音訊杳然，意味著她生死未卜。

一九六九年女王節慶祝活動過後，荷蘭使館將一份文件歸入「色爾瑪．曹—佛斯」檔案：色爾瑪的芬蘭朋友艾爾蜜．林向使館祕書透露一個消息，這消息沒有傳達給佛斯先生，因為使館方想先向中國當局求證此事。

艾爾蜜說，色爾瑪可能自殺了。

增義下鄉

一九六九年秋天。

午夜時分，列車緩緩駛離燈火通明的月台，駛入夜色。

增義坐在窗邊，藍色帽簷拉低到幾乎蓋住眼睛。他獨自一人離開北京，無人送行。他所有同學、朋友早都下鄉了，現在他的北京戶口被註銷，自己也展開下鄉的新旅程。離開前，他獨自清理他們一家最後住過的小房間，將父親的鍍金骨灰盒收進行李。

他的目的地在北京西南方三百公里，他父親出生的小村中曹，*這是曹日昌還在的時候，父子兩個商量的結果。曹日昌認為，與其去住在陌生人當中，增義不如和有血緣的人相處。增義的學校同意他去中曹，反正重點是他必須離開北京，下鄉「接受貧下中農再教

＊曹家莊分為中曹、東曹、西曹三村，約有一半人口都姓曹。

育」。於是增義讓何麗留在家裡照顧父親，他自己展開一場探查之旅。他把貓咪穆蒙裝進盒子，偷偷運出北京，帶到中曹交給一位堂兄。增義日後回憶說，中曹和內蒙的農民一樣，都擔心城裡人好吃懶做，對北京來人有所保留，但當地黨委還是歡迎他下鄉到中曹。

於是曹日昌過世後，增義收拾沒被紅衛兵沒收的家產，裝進木箱，寄往中曹。到了那裡，他和遠在內蒙的何麗將相隔八百公里，也不知此生能否再見。

為了省錢，他買了站站都停的慢車票。每停一站，車站擴音器都傳來叫喊：「毛主席萬歲！」總把他嚇一大跳。就這樣，天色漸亮，他眼前丘陵起伏，是一片乾燥風景。馬車停下等待平交道，藍衣棉鞋戴藍布帽的農民目送火車經過。車到終站石家莊（河北省會）已是上午九點。

增義設法擠近售票櫃檯，買到前往辛集的慢車票。數小時後他抵達辛集，但他的箱子還沒到。每天辛集只有一班公車前往中曹，他決定先搭上這班車，日後再來提領行李。

往中曹沒有柏油道路，土路兩旁都是白楊樹。牛車滿載稻草，迎面而來。軍用卡車經過，揚起大片塵埃。一個半小時後他下了公車，將裝有父親骨灰的袋子扛在肩上，步行最後三公里路前往中曹。

增義問過曹日昌，在中曹有無避忌，曹日昌說：「你得自己摸索。」然後又補充說，和他少年時相比，傳統已經變了許多。他說，他十四歲那年，家裡就為他安排婚事，對象是鄰村一個裹小腳的姑娘，現在她還住在中曹，就住在曹日昌繼承自父親的小屋子裡。

增義到中曹探查的時候，才初次見到這名女子，他到中曹落戶，就住在那女子隔壁一間空屋。那屋子進去先是一間簡陋廚房，有個爐子，裡頭那間有個大炕。增義心想，這裡是農村，心理所的紅衛兵不會找到這裡。這念頭讓他鬆一口氣，但同時也意識到，他無法再唸書，說不定永遠離不開這裡。

他放下行李，去隔壁探望大堂哥。這位堂哥五〇年代去過北京，在曹家住了幾天。大堂哥與他同為「增」字輩，但比他年長近三十歲，這是因為曹日昌本來就是家中幼子，又年近四十才生增義。如今他們家族就以「增」字輩分最大。

堂哥告訴他壞消息：貓咪穆蒙死了。穆蒙早已習慣每天吃魚吃肉，但中曹生活無法滿足這一點。堂哥讓貓自己想辦法，但城市貓咪抓不了老鼠，實在無法彌合城鄉生活的巨大差異。

過了幾天，增義從生產隊借來一輛馬車，去辛集領取家當，運到中曹。他不喜歡睡炕，於是把床設在炕邊。他把廚房當作儲藏室，把父母從香港帶來的洗臉盆安放在角落，還有他始終保存的，色爾瑪的勝家縫紉機。他心愛的飛利浦先驅接收器暫時先收在盒子裡，因為他手邊沒有金屬，無法製作天線，接收器暫無用武之地。他還有些箱子裝滿衣服。家人都來看他從城裡帶來的財產，他成了村中富人。

富人也得和大家一樣工作。村民被分成六個生產隊，每個單位各有約一百五十人，如此組成一個大隊，由上面的領導決定哪個單位收穫紅高粱，哪個單位收割燕麥、玉米或棉花，或者養豬，或者擠牛奶。到了春天，大家用馬犁地，而後是播種施肥除草收割的循環。收成大多上繳當公糧，村民不會獲得什麼回報，所有人都每日配得一斤糧食。

增義拿到的幾乎都是玉米，多以玉米麵果腹。他用玉米粉做麵團，黏在鍋蓋裡蒸一小時，偶爾有些蔬菜，但都經過醃漬，否則無法保存。每天配給一斤糧聽來很多，但除此之外什麼都沒有的話，其實根本不足果腹，大家總是挨餓。

增義聽其他人說，其實現在情況已經算不錯了。他們經歷過最糟的時候，是大躍進後一九六〇年代初期的饑荒。村裡長者都說，共產黨來之前，生活不曾糟到如此地步。然而人們出於害怕，沒再對他透露更多。總之，黨宣稱毛澤東帶來前所未有的繁榮，共產主義到來之前一切都是悲慘的，接受這謊言最安全。

增義對繁重勞動並無怨言。這裡不同於北京，沒人指他為「革命的敵人」，也不像北京那樣，自文革以來一切只有政治。村裡人尊重努力工作的人，這正是增義從小習慣的價值。他在中曹盡力工作，而當地人肯定這一點。

增義說：「日出而作，日落而息，大家都這樣。夏天工作時間很長，冬天就短了。下雨天大家都得空補眠。」不過他有空不見得都能休息。遠近親戚家中都很擁擠，不是與手足同住，就是子息眾多，於是都愛跑到他家裡，舒舒服服坐在炕上。增義直到這一刻才明白，他父親靠一己之力脫離農村，進入都市，跨出多大一步。

年長村民都記得曹日昌成功的故事。一九二五年，曹日昌父親病危，把三個兒子叫到病榻邊，說曹日昌在城裡念書成績極佳，要求兩個大兒子承諾，日後在經濟上支援他完成學業。曹日昌的兩個哥哥都已成家，還是答應下來，並且信守承諾，攢錢供小弟唸書。

一九一二年以後，中國已是共和國，但大學生多半是富家子弟，或者出自貧寒書香門第，貧農之子上大學簡直聞所未聞，而曹日昌在哥哥的經濟協助下，果然錄取清華大學心理系，他的成功等於所有中曹人的成功。四年後他獲得碩士學位，開始教書，至此角色對調，輪到他定期寄錢給家裡。

一九三七年，日本入侵中國，曹日昌舉校師生逃往昆明，與中曹家裡斷了聯絡，之後幾年戰火隔斷，始終不通音訊，直到一九四五年戰爭結束，曹日昌才通知母親和妻子，他拿到庚子賠款獎學金，要去英國劍橋完成博士學位。

他再回到中曹已是五〇年代初期。那時辛集與中曹之間沒有公車，曹日昌得步行二十五公里。快到中曹時他停下休息，坐在一塊大石頭上，被一個姪女發現，她立刻跑進村裡通知大家。那時曹日昌的母親已經八十多歲，和他的妻子住在一起，最大心願就是見到小兒子，現在這願望就要實現了。

曹日昌可能是這次回家才告訴母親，他已和外國人結婚，且有兩個孩子，又或許在那之前他就寫信說過。但總之增義對此一無所悉，直至初到中曹才知道他父親有另一個妻子。他也是到了中曹才終於明白，父親的家庭是多麼貧困。農人靠天吃飯，此外以樹皮製香，聊為補貼，然而共產黨掌權後，人們不入寺廟燒香，連這微薄外快都告烏有。私人土地多被充公，隨著時間過去，允許村民耕作的自留地也愈來愈小了。

一九六四年，曹日昌與科學院同事一起造訪山西大寨，是當時赫赫有名的模範村。原本大寨貧困一如中曹，經常苦於旱災，在文盲菸農陳永貴帶領下，村民親手修建大型水庫與灌溉渠道，收穫空前，「向大寨學習」成了全國性運動，各個單位爭相前去觀摩（後來鄧小平揭發大寨的收成數字實為一場騙局），曹日昌和科學院的同事也去了，還與傳說中的陳某合影留念，圖中坐在立者前方，曹日昌右側者便是陳某。離開大寨，返回北京的路程中，曹日昌在石家莊下車，搭公車回了一趟中曹，那就是他最後一次回家。

農曆新年

一九七〇年。

何麗想去中曹過年。她和同學一起離開內蒙，去到北京，卻買不到往中曹的車票。她早已沒有北京戶口，所幸有同學找到願意暫時收留她的家庭，她於是能在北京多留幾天，直至買到車票。

收容她的是個工人家庭，背景無可挑剔，即使被發現收留她，也應付得了情況。這家人熱情好客，非常同情她少失怙恃，甚至把家裡雙人床讓給她睡，母親帶著孩子去睡另一個房間，父親就睡在工廠的辦公桌上。數日後何麗買到車票，按照增義來信說明，順利去到公車站。增義就在那裡等她。

何麗已經習慣農村生活，不過她待的內蒙村莊僅有十七戶人家，相比之下，中曹大得多了。不過，最大的不同當然在於中曹有親戚家人。他們二伯已經故去，守寡的二伯母邀請他們去吃新年午餐。堂哥殺了一隻豬，二伯母做了豬肉餃子，這實在是大家夢寐以求的一頓美食。

這天晚上，兄妹倆在增義家裡討論未來。何麗說，此行用盡所有盤纏，明年她無法再來。她的同學時不時還能從家裡得到賙濟，她卻沒有，連郵票都負擔不起，此後連寫信都有困難。增義告訴她，在郵票上塗一層薄薄膠水，收件人就能洗去郵戳，重複使用郵票。假期過後，增義帶她去公車站，何麗到北京後，又在原先借住的工人家庭住了幾天，將假期間拍攝的相片沖洗出來，寄回中曹，然後啟程前往內蒙。

＊＊＊

中曹只有一口淡水井，但出水愈來愈少，且逐漸變鹹，於是春天來臨，土地解凍時，中曹大隊組織了打井隊，增義受命加入，日後他回憶往事，說那是他一生做過最繁重、最危險的工作。

長年過度抽取地下水的結果，中曹地下水位已經降到地表以下一百五十公尺，在沒有動力機械的情況下，純憑人力打井極其艱難。他們採用稱為「竹弓打井」的古老工法。打井隊先搭起一個高約十公尺的木架，架子頂部有個巨大的木弓，和直徑約三米多的大木輪。

父母遺物：柯達相機。中曹只有少數人曾在相館拍過照，相機是希罕之物，而增義帶到中曹的家當中，就有一台香港來的柯達相機，當初沒被紅衛兵抄走。何麗未到中曹之前，按照增義信中囑託，在北京買了底片。她到中曹之後，增義就用這相機為大堂哥拍照。這照片在屋外拍攝，因為相機沒有閃光燈，室內又太暗。照片中，堂哥身著棉衣棉褲，袖手取暖，怯於直視鏡頭。

何麗以柯達相機為增義和一名親戚拍攝的合照。

不論內蒙還是中曹，農村婦女都曲從傳統，到了適婚年齡就結婚，在夫家承擔粗活。在內蒙，何麗可以外人自居，不理會這些意見，在中曹卻不行。中曹親戚都歡迎她，對她親切和善，但不了解他們城市人另有一套價值。圖為何麗和兩名同齡親戚合影，三人都盛裝打扮，要去參加新年晚會。

打井隊在領班指導下，以人力將一個空心的金屬管（錐頭）壓入地下，靠衝擊力讓土壤進入管中，如此打出井孔。這錐頭連結一段長約三公尺的竹篾，竹篾上端以一條立繩連結木弓的弦，木輪上的四人提供整個結構的動力。他們協調動作，在木輪內「向上走」，透過竹弓吊出裝滿泥土的金屬管。下方工人清除泥土後，要置回金屬管，這四人就轉身向下走，讓木輪反向轉動，將金屬管及竹篾置回井內。隨著錐頭深入地下，領班不斷添接新的竹篾，打井隊不斷重複這個程序，就能逐漸將井鑿深鑿大。

木輪倒轉置入錐頭，是整個打井作業最危險的部分，一旦輪中四人失去平衡，又或者立繩或竹篾斷裂，人可能會被木輪甩出，非死即傷。此外為了避免井孔塌陷，得由三個小組日夜輪班作業。終於觸及地下水時，打井隊將混凝土管置入井孔作為支撐，讓水面緩緩上升。

這整個工程耗時兩個多月，最後再建造一個約三十立方公尺大小的地上蓄水池，收集上升的地下水，供村民汲取使用。日後增義回顧往事，對農民巧思印象深刻：「他們知道一無所有的生存辦法。數百年來，他們一直以同樣方式取水。這做法只有混凝土要花錢，在過去用的是空心的粗竹竿，整個竹弓打井工具則屬於公社，為數個村莊共有。」

但增義無法滿足於中曹生活，因為他看不見未來。顧慮到信件檢查，他寫給何麗的信總是很簡單，何麗的回覆也總是以中立口吻訴說簡單事實，反正通信重點在於互報平安：「我們開始收割穀物了。我們可能還會再忙兩週。」增義偶爾也寫信給北京熊家。增義與何麗遭到所有人背棄的時候，熊家依舊支持他們。熊先生甚至不顧惹來麻煩，說過「孩子們是無辜的」這樣的話。至少北京有幾個人知道他們下落，這念頭讓增義感到安慰。至於荷蘭的親人，早已斷了消息，他們沒收到荷蘭的信，也認為荷蘭那邊根本沒收到他們的信。

遠方回音

太久沒有色爾瑪的消息了，她的兩個兒時友伴於是去找靈媒。瑪萊可把一件淡藍色晨衣給靈媒看。這是一九六六年色爾瑪離開歐洲之前送給她的的。那時色爾瑪說，這晨衣是合成材料製成，太過西式，不能帶回北京。靈媒將衣服拿在手裡許久，最後說，要做好最壞的打算。

佛斯先生不相信算命，與其聽靈媒說話，不如和官員打交道。他屢次向外交部詢問色爾瑪下落，每次都被告知沒有相關消息。一九七〇年四月二十四日，也就是色爾瑪過世一年半後，他又致信外交部：「我想再請教一次，聯絡中國駐海牙代辦處是否有幫助？」他得到的答覆是：「您願意的話，當然請自便。」

荷蘭駐北京代辦早已得知色爾瑪死訊，但這消息來自色爾瑪的朋友艾爾密，並非官方消息來源。直到佛斯先生的律師與外交部聯絡，北京代辦才受命向中國當局詢問色爾瑪情況。

一九七〇年七月十六日，荷蘭駐北京代辦凡歐德（H.J. van Oordt）與一名中國外交官員會面，談話內容包括色爾瑪問題，以及北京和海牙之間建立無線電聯絡的可能等。那之後有一條加密電報拍到荷蘭，外交部解碼後是一則短訊，全小寫字母：「凡歐德注意到，中國外交人員僅願談論電台，好像對曹－佛斯太太之事感到很不舒服。」

五天後，電報拍來第二條加密消息，與上次一樣加蓋「機密」：

甫接外交部領事處電話，稱曹女士於一九六八年九月去世，並提及她於一九五五年加入中國籍，中文名吳秀明。死因不明。

一九七〇年七月三十一日，荷蘭外交部將此一消息知會佛斯先生。他藉著放大鏡讀完來信。不久後，他的小兒子小麥克斯回家，發覺他陷入絕望。

佛斯先生始終沒能從女兒之死的衝擊恢復過來。在噩耗傳到之前，若沒有柯莉協助，他根本出不了門，等確知色爾瑪已死，他就更虛弱了。那年秋天，他們夫妻倆搬進菲仕蘭一間新的老人公寓。

在菲士蘭，佛斯先生多次致信外交部，說想看色爾瑪的死亡證明，但外交部回答：「中國當局的立場是，您故去的女兒具有中國籍，不可能向非中國政府開具死亡證明。」顯然荷蘭駐北京代辦並未告知中國政府，色爾瑪也持有荷蘭護照。

佛斯先生得知女婿死於肝癌，詢問外交部是否有兩個外孫的消息，回答稱：「如果他們與代表聯絡，我們一定第一時間知會您。」

藍山造訪

增義到中曹「向農民學習」，但村民們都很尊敬他，事實上更想向他學習。這裡誰也沒受什麼教育，多數人是文盲，總是問他大城市裡生活如何。村民有醫療問題也都來找他，請他查閱北京帶來的醫療書。後來增義說，其實村裡有個赤腳大夫，但他什麼都不懂，根本不可能提供醫療，村民也沒錢上醫院，真的生了重病，只能等死。

增義也是村裡有名的裁縫。他讓色爾瑪的縫紉機再度運轉起來，也像色爾瑪以前那樣，按照書裡圖樣製衣。村裡人給他染成藍色的土布，他就做出褲子和外衣。當時人們連結婚都穿中山裝，他為新人做得格外仔細。他還能納鞋底子，給人做布鞋。

那年秋天，增義滿二十三歲，中曹人都認為他該娶媳婦了，但他一點也不想。結婚以後，他離開這裡的可能性就更低了。他總是禮貌拒絕他人建議，也遠離村裡八卦。增義有個遠房親戚婚後出軌，頓成眾人談資。他不想捲入其中，唯有獨處時最覺自在。

一九七〇年夏天，中曹來了一台柴油機，從此開啟新的時代。終於不是所有事情都靠人力手工了。有了動力，穀物可以用機器磨碎，井水可以輕鬆汲取，問題是這機器並不可靠，經常故障，好在增義知道如何修復。他很快贏得柴油機操作員的稱號，因此可以不用種地，他對這新職責感到很高興。這樣的事不可能發生在北京，因為懂機械的人太多了，只有政治背景清白的人才能擔任這樣的工作。有了新工作以後，增義多半時間都在灌溉田地水泵旁邊，需要時就添加燃料，清潔機器部件，確認抽來的水導入正確位置。

一個炎熱的下午，他在田地邊緣，他二伯的大兒子匆匆走來，對他大喊：「有人找你！北京來的！」

等在家中的訪客讓他難以置信，竟是他的好友藍山。之前增義的二伯母給他端來一杯水，現在屋子已被好奇的村民包圍，兩個年輕人卻是相對無語。他們闊別已有兩年了。

藍山說，昨天他離開河南，要去北京看望母親，半道決定繞來中曹，見見好友。他們說話時，村民就在旁邊聽著，還不斷有更多人湧來。藍山喝完兩杯熱水，兩人決定出去散步，私下說話。

擺脫眾人後，藍山才說出實情：他離開河南的村子已有一段時間，因為那裡配給的糧食實在太少，比中曹還少。那之後他就成了偷渡客，搭貨運列車在各地穿梭，最後在北方靠近俄羅斯邊境，勞動極為缺乏的地區，找到一份收入豐厚的礦山工作。

增義知道藍山本想學航空工程，但中學時他被告知，他有「資本家」背景，永遠上不了大學。現在他設法賺到錢，活了下來，也愚弄了權威。他只想找個能和家人安穩生活不受打擾的地方，但他去了天南地北，無處不受共黨轄制。

當晚增義做了玉米餑餑。兩個年輕人坐在油燈旁說話，臉頰被油燈火燄照亮。有時他們手舞足蹈，揮滅了燈焰，如此長談直到深夜，筋疲力盡倒頭就睡。第二天一早，藍山告辭離去，背包裡裝滿增義為他做的玉米餑餑。

進京探詢

一九七一年七月，有人從鄰近大村帶回一份報紙，增義在上頭看到一則消息：美國政治要人季辛吉訪問中國。增義暗忖，美國與中華人民共和國之間沒有正式外交關係，美國人支持的是戰敗逃往台灣的國民黨，大使派往台北而不是北京，但這條消息能見諸報紙，表示此人來訪對中國有利，且報導中說，甚至有人建議美國總統來訪，這指向一個驚人結論——美國不再是中國最大的敵人，蘇聯才是。

幾個月後又發生一樁事件，引發增義深思：地位僅次於毛澤東的二號人物林彪過世，村民被集合起來，聽取黨發布的官方消息，一名黨幹部宣稱林彪策劃叛變，陰謀敗露，上機逃往莫斯科，但燃料不足墜毀在蒙古沙漠。會後回家路上，一個親戚對增義喃喃：「正所謂伴君如伴虎啊。」

增義心想，林彪不見得真墜機死了，說不定另有隱情，說不定他被謀殺了。他在北京時常聽到傳聞，說文化大革命是高層權力鬥爭產物。原本毛澤東指定的接班人劉少奇在文革初期遭到批鬥，他與妻子被紅衛兵公開侮辱虐待，之後投入監獄。一九六九年，劉少奇死在獄中，而現在增義多麼希望權力鬥爭隨著林彪之死而落幕。若美國總統真的來訪就太好了！

他的願望果然成真。一九七二年，他在報上看到毛澤東與美國總統尼克森在北京的合影。這是否代表中國走向新局？對他來說又會有什麼影響？

身在中曹，與外界隔斷消息，令增義深感苦惱。對他來說，難以取得報紙並非最大問題。真正的問題在於報紙根本不報真正發生的事情。要獲得消息，非得身在北京不可，得親身與熟人朋友接觸，聽聽各方說法，自己推敲可能情境。但他如何能夠離開中曹，前往北京？

那年深秋，曹家莊一帶紡織染料稀缺，未經染色的手織白棉布只能製作喪服，無法供作日常穿著，村民怨聲載道。增義於是自告奮勇，要去北京尋找藍色紡織染料。他說只需要購買火車票的錢，到了北京，吃住都可以靠熟人，村幹部同意他的計畫，給他一封出門用的介紹信，他就這麼出發了。

到了北京，他先去找鄰居熊先生。熊先生很高興見到他，熱烈歡迎他。這態度讓增義立刻明白，北京氛圍已經比以前輕鬆，現在他甚至可以住在熊家，不會惹來麻煩。熊先生說，曹日昌一名老友，黨校的教師，曾來探聽他們兄妹狀況。局勢似乎正在轉變。

隔天增義隨熊先生去見那位老師。這人過去曾遭政治困難，透過曹日昌的關係而有了現在的工作，而他今天想幫助曹家兄妹，報答曹日昌昔日之情。他說，如今他身居要職，增義沒有北京戶口，待在他家才比較安全。於是增義就在這位老師家裡作客一週，探得不少消息——誰死了，誰還在監獄，又有誰恢復原職。

這對老師夫婦說，增義要回北京，必須得到科學院同意，而他們認識科學院信訪辦公室的主任，* 一位曾在心理所工作的女性。三年前她丈夫墜樓身亡，最近她才獲得這個重要職位，若增義寫信請求科學院允准他搬回北京，這名女子會是第一個讀到申請的人。老師夫婦說，這名女子應該記得曹家遭受多少苦難，她一定會同情增義，一定儘可能提供幫助。

增義在北京找不到人聯絡染料工廠，沒找到藍染料，空手回到中曹，村民頗為失望。那同一天，他開始起草給科學院的信，以「我們兄妹沒有父母為我們提出申請」起頭。

---

* 譯註：「信訪」是「人民來信來訪」的簡稱，所謂信訪辦公室，就是專門處理人民來信請願或訴求的單位。現在中國俗稱「上訪」。

內蒙生活

農曆年期間，何麗的朋友都回北京過年了，現在只有她一人窩在炕上，著迷閱讀《紅樓夢》。這是她向村裡老師借來的。照理說，這位老師早該在文革初期銷毀這類「封建」文學作品，但這裡是偏遠的內蒙村落，他不遵守命令也無人監察。何麗與這位老師交上朋友，向他借閱禁書，都是她以前熱心讀過的小說。

屋外非常寒冷，溫度可能低到零下二十度，或者三十度，反正村裡沒有溫度計，誰也無法確知。屋子裡也不溫暖，因為何麗獨自在這裡，她覺得為一個人燒暖整間屋子，太過浪費燃料。於是她裹著毯子，縮在炕上讀《紅樓夢》。

她每天都會去隔壁的農夫家。她和農夫的年輕的妻子成了好朋友，每次去都受到歡迎。這年輕女子已經生了四個小孩，現在又懷孕了，她悄悄告訴何麗，她不想留下這孩子。但這不表示她會墮胎。在這村子裡，像這樣的孩子會在出生後被父親赤裸棄置在山上，凍死後屍體會被狼吃掉。第一次聽說的時候，何麗簡直不敢相信，但這就是農民確保糧食的方法。

到這個時間點上，何麗在這村子已經住了四年，但她所掙微薄，還不夠她吃的這口糧，於是欠下一筆債務。與她同來的同學也都如此，「使勁幹活」還是欠債。但他們都不擔心，反正債多不愁。

債務也就算了，手邊短缺現金才是更嚴重的問題。有些東西非得現金才能買到。好在同伴們不時會從北京的父母收到包裹和錢，總能幫她一把，必須的燈油、鹽巴、肥皂、衛生棉等物不至缺乏。村裡眾人也都同情她沒有父母，還曾發給她一筆小額補貼。

她習慣了內蒙古艱苦的生活。漫長的冬天不能種地，有時男人會駕著馬車去遠方砍柴，留下婦女在家照顧孩子，縫補編織。在冬天，汲水通常是男人的工作，因為井邊的水結成厚冰，一個不小心就可能滑倒。最近村裡一個男生經常來替她和香花打水，原來香花懷孕了，那男生就是孩子的父親。香花說，這次回北京過年，就要告訴父母這個消息，回來以後，她就要搬去與公婆同住。何麗試圖勸阻香花，還以自己母親色爾瑪為例：你要是有了丈夫孩子，就再也離不開這裡了。但香花說，她是真的愛上這農家青年。

其實何麗也有喜歡的人，就是色爾瑪過世後，曾經陪她回北京的小王。曹日昌過世的時候，也是小王陪伴她和增義。但呼和浩特一家鋼鐵廠招募強壯的年輕人操作鍋爐，小王和另一個年輕人被找去，已經離開村子，大家都羡慕這些幸運兒每月有工資可領。

故去的父母，遠方的哥哥，以前的北京生活，何麗盡量不去想這些。逝者固然已矣，來者未見得可追。

有時她看見外祖父送她的手錶，錶上有上海製造商的名字，以漢字刻在錶盤上。那是佛斯先生以一百塊錢在外國人專用的友誼商店買的。一百塊錢就是一名廠工三個月的工資。內蒙的農民就算一年也花不了一百塊錢。

當時佛斯先生還買了大一點的男士手錶給增義。佛斯先生離開後，曹日昌告訴他們，他們年紀太小，戴手錶太奢侈，真帶著四處走動的話，人們會說閒話。事實上，普通中國人要獲得特許才能購買手錶，一個百人的工作單位，一年也只能拿到一兩張「手錶票」。

於是，自從收到這珍貴禮物以來，何麗只戴過寥寥數次，更不曾在家門外戴過錶。到了內蒙村裡，她沒把手錶給同學看過，更別說本地農民。她把手錶藏在背包深處，是關於另一個時代的回憶。

＊＊＊

在中曹四年多後，一九七四年一月，增義被召去村黨支部，被告知「辛集有給你的消息」。他趕忙借來一輛自行車，一路騎到辛集的知青辦公室。一名幹部與他交談一陣子，回頭請示後帶來一份文件，當著增義的面讀出來：

父母雙亡，母係中國籍荷蘭人。情況特殊。批准轉回北京。

Chapter

9

返京

1974

下放多年再回到北京，滿城都是標語。

毛主席是我們心目中的紅太陽！

批判個人主義，打擊修正主義！

不忘階級鬥爭！

向大慶學習！

但街頭已經沒有紅衛兵。革命熱潮正在消褪。

增義獲准返回北京，一週後，他去車站接何麗。兄妹倆辦完一系列手續，恢復北京戶口，父母的儲蓄帳戶也已解凍，他們終於能夠動用裡面的錢，於是來到莫斯科餐廳。

這裡是荒廢城市的奢華綠洲。一般飯館裡，等待座位的食客通常就站在桌邊，等人一起身就立刻接下位置。但在莫斯科餐廳，增義與何麗舒舒服服地坐在大廳沙發裡，等待服務生叫到他們的號碼。

白襯衫黑長褲但沒繫領結的服務生領他們就座。橢圓形餐廳鋪著鑲木地板，他們上方水晶吊燈滿佈灰塵，旁邊雕花柱子已然斑駁。十一年前，他們全家與外祖父佛斯先生在這裡共進午餐。桌上鍍銀刀叉依舊。他們點了羅宋湯和基輔雞。

回到北京以後，他們沒能回到過去的住處。以前他們家的房子已被分配給別人，所有家具都被拿走，現在心理所讓他們暫時住在友誼賓館對面，那裡有幾間破舊公寓可供人棲身。這裡的住戶都是心理所的年輕員工，何麗和另外兩個女人同睡一間，增義和數人共住一間。這些人以前曾經抄他們家，沒收他們家產，吼叫威脅他們，肯定也是這些人虐待曹日昌。而且，他們不只虐待曹日昌，事實上心理所四名所長有三人都被他們整死了。曹日昌沒有得到需要的醫療照顧，另外兩人一個因心臟病死於監獄，另一個患有嚴重風濕，不知怎的死在紅衛兵手裡，細節從來未曾公開。這些人讓增義與何麗感到極度恐懼，何麗經常擔心自己會失控攻擊室友。

一九六九年，心理所的紅衛兵和其他員工也都下放到農村，參加再教育營，美其名曰「五七幹校」。白天他們在農場工作，晚上研讀毛澤東著作。心理所原址在城西端王府，* 但文革期間古典建築都被推倒，江青主張毀掉舊建築，在原地給自己蓋了一幢大房子。如

* 譯註：端王府即端郡王載漪的府邸，八國聯軍時遭焚毀，舊址後來改為北大工學院、科學院心理所、語言所等。

今心理所試圖重建，在新址確立之前，員工分散在北京不同地點工作，如今增義兄妹也成為這研究所的「成員」。

現在他們兩人分別是二十四和二十五歲。增義沒有放棄學習電子的夢想，但他知道必須獲得心理所推薦，才有可能被大學錄取。畢竟他出身有問題，別的單位不可能願意與他有瓜葛。

問題是，心理所給了他床位，沒給他職位。

兩兄妹試圖在莫斯科餐廳待久一點，但他們還沒開口要結帳，服務生就拿著帳單來。他們離開時看了一下大廳裡的麵包店，這裡是北京少數還賣西式點心的地方。櫥窗裡陳列著鮮艷奶油裝飾的樣品。何麗指給增義看：差不多要半個月的工資，誰買得起？然後她看到有個年輕人剛買了糕點，正接過紙盒。

「好像是大頭。」她說。

「是大頭，沒錯。」增義說。

大頭也認出他們，高興打招呼：「你們回來了！」

大頭和他們一樣，也在鄉下待了幾年，現在在長春讀書，過年回北京探望家人。增義想知道怎樣才能被大學接受，約好和大頭再次碰面。告別之前大頭說：「我一直記得你媽媽烤蘋果派給我過生日。」

這次巧遇之前，增義與何麗已經拜訪過以前的鄰居熊家，那時聽說唯一幫助過他們的唐家已經搬走。後來他們找到唐家的新住所，唐太太和阿妞熱情迎接他們，好像迎接失散多年的孩子。

他們在公車上巧遇安妮克（Annick，漢名吳文上），色爾瑪法國朋友潔曼的女兒。安妮克邀他們到家裡。文革期間這個家庭也破碎了。潔曼的大兒子入室行搶，被判處死刑並槍決，另一個兒子參與其中，現在還在服刑。悲劇打擊讓潔曼一夜老去，但能夠見到老朋友，她還是很高興。

Chapter

10

去國

1976-1979

憧憬西方

增義和何麗與同齡的幾個朋友經常往還，這包括中法混血的安妮克，前鄰居唐家阿妞，還有許多老同學。偶然有人弄到一本逃過紅衛兵的禁書，他們就逐字逐句抄寫複製。有一次兄妹倆拿到一本手抄的大仲馬《茶花女》，可以留在手上兩天，他們就狼吞虎嚥輪流閱讀。讀過《茶花女》，增義又讀了一篇文章，是美國記者哈伯斯坦（David Halberstam）對美國總統甘迺迪越南政策的批評。對增義來說，這可謂義在文外。他透過哈伯斯坦的論點了解美國民主的運作機制——有一個選舉產生的國會，由不同政黨的代表組成，各方意見可能分歧，記者可以報導這一切。原來國家也能以這種方式運作。

每次讀完了書，他們無事可幹，只能在公園閒逛。

文革開始後，劇院只准演出江青認可的八大樣板戲，例如《紅色娘子軍》之類，他們早已看得爛熟。現在他們希望能看到西方電影。文革之前，電影院放映英國、捷克和俄羅斯的影片，文革後遭禁已有八年，但傳說黨的高級領導人曾在文革期間，在專門的劇院看過外國電影，這當中也包括江青。這些傳聞後來也由毛澤東私人醫生李志綏的回憶錄證實。

現在限制放寬了，電影私下流通，但公開放映依舊不可想像。以教育名目關門放電影是一種可能，但這得有單位掩護，還得有關係，能與進得了劇院的單位聯繫。增義解釋：「大家都想看西方電影，獲邀看西方電影是一種餽贈，也是一種交換，能讓停滯不前的經濟運轉起來。」

這是禮尚往來之道，唐家阿妞知之甚稔，曉得如何獲邀看電影。

增義、何麗和阿妞在友誼賓館一起看了文革後的第一部電影。自從一九六六年色爾瑪回荷蘭，之後變故頻仍，他們沒再來過友誼賓館。現在他們拿著電影票，順利通過門口警衛。大理石地面與金色天花板的劇院大廳座無虛席。當晚播放一九四〇年的美國電影《魂斷藍橋》，現場有同步口譯翻譯英語對白。他們三人都被淒美的愛情故事迷住，但更嚮往電影中的場景——大笨鐘，泰晤士河，雙層巴士，迷人的英倫生活。看完黑白電影，他們又看了一部關於史特勞斯家族的新電影，滿是絢麗色彩與曼妙音樂。

當時傳聞科學院要為剛從農村回來的員工子女安排工作，據說成年子女還沒有完成學業，整天待在家裡，讓父母很是頭痛。

此時增義與何麗回到北京已有一年，他們沒有父母，無人說項，於是自己寫了一封信，先是禮貌問好，然後直接托出實情。如今讀來，這信彷彿色爾瑪在他們耳畔口授。

多年來，我所苦惱的是為什麼我們總被另眼看待？是因為我們是混血？因為我爸爸媽媽在文化大革命中受到衝擊？還是我們自己表現不好？實在想不通。我們兄妹倆在插隊時很困難，但都嚴格要求自己，組織上把我們轉回北京，我以為其他問題都可以解決了，可是不然。看到某些孩子們，仗著爸爸媽媽，走後門，能夠選調工作、參軍或上大學，我有時都懷疑我是否走錯了路。我們沒有爸爸媽媽能夠照顧，沒有後門可走，又不會上竄下跳，能打會鬧，只知道老老實實的接受再教育，和聽任組織安排，看來這樣連個起碼的安定生活都達不到。我事事處處都得靠組織，如果組織上不關心我們，讓我們往何處去呢？

此等行文對中國人來說極不尋常，反倒能夠收效。增義被分配到化學所當機械修理工，與他一同受雇的還有另外三個才從農村回來的年輕人，他們的父親原本也在科學院擔任要職，文革期間遭到打擊。他們結成一個緊密團隊，其他員工都不和他們打交道。上班第一天，科長給增義一張購買自行車的優惠券。這優惠券就要過期了，他們部門卻沒人有錢買單車，於是增義靠著父母的儲蓄買下自己的交通工具。

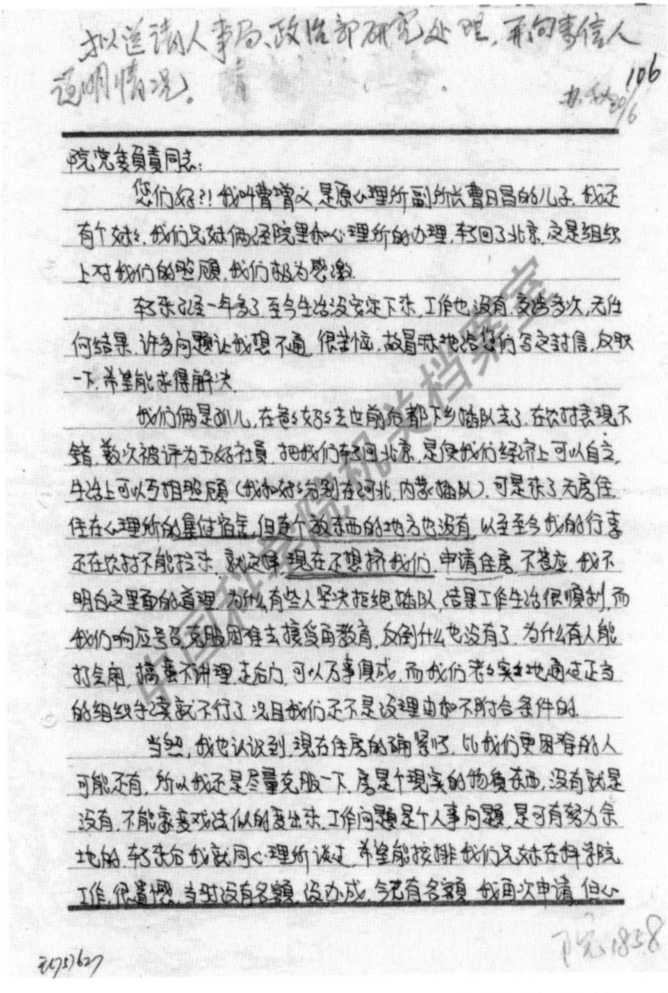
拟送请人事局、政治部研究处理，并向来信人说明情况。

106

院党委负责同志：

您们好?! 我叫曹增义，是原心理所副所长曹日昌的儿子。我还有个妹妹。我们兄妹俩经院里和心理所的办理，转回了北京，这是组织上对我们的照顾，我们感到感激。

转来已经一年多了，至今生活没安定下来，工作也没有。交涉多次，无任何结果。许多问题让我想不通，很苦恼，故冒昧地给您们写这封信，反映一下，希望能求得解决。

我们俩是孤儿，在爸爸妈妈去世前后都下乡插队去了。在农村表现不错，数次被评为五好社员。把我们转回北京，是使我们经济上可以自立，生活上可以互相照顾（我和妹妹分别在河北、内蒙插队）。可是来了无房住，住在心理所的集体宿舍，但连个放东西的地方也没有，以至至今我的行李还在农村不能拉来。就这样，现在还想挤我们。申请住房，不答应。我不明白这里面的道理。为什么有些人坚决拒绝插队，结果工作生活很顺利，而我们响应号召，克服困难去接受再教育，反倒什么也没有了。为什么有人能打会闹，搞蛮不讲理，走后门，可以万事亨成，而我们老老实实地通过正当的组织手续就不行了。况且我们还不是没理由和不附合条件的。

当然，我也认识到，现在住房的确紧张，比我们更困难的人可能还有，所以我还是尽量克服一下。房是个现实的物质东西，没有就是没有，不能象变戏法似的变出来。工作问题是个人事问题，是可有努力余地的。转来后我就同心理所谈过，希望能安排我们兄妹在科学院工作。但遗憾，当时没有名额，没办成。今年有名额，我再次申请，但心

院1838

圖為增義寫給科學院的信，信長兩頁半，抬頭致「院黨委負責同志」，信末「致革命的敬禮」，署日期一九七五年六月十三日。承辦人在信上批道：「擬送請人事局、政治部研究處理，並向來信人說明情況。」七月初，人事局做成〈關於原心理所副所長曹日昌的子女工作安排問題的請示報告〉，依研議結果將增義分配到化學所當修理工。

他的新同事本來就有自行車，閒時他們一起騎車去公園，或遊覽北京景點。天氣好的時候，他們會約好大清早在頤和園見面，在昆明湖游泳，之後再飛速騎車進城趕去上班。多年以來，增義第一次感覺到無拘無束的快樂。

何麗被安排到科學院下屬的計量儀器廠當刻字工，每天在測量設備元件上刻下破折號和數字，是非常講究精確，也非常無聊的工作。好在教她技巧的女師傅和她相處得很好，經常幫忙她。這位師傅的丈夫經常去城外收集蝸牛，她把蝸牛烹調得很美味，總是帶給何麗。何麗還設法買了一輛自行車，從此她不用再擠公車上班了。

增義本來和另外五個男子合住一間二房公寓，後來幾個室友被派往外地，還有幾人拿不到北京戶口，與妻小一起搬到城外，現在他成了這公寓的唯一居民。何麗把她的東西搬到空出來的房間，增義在門上加了一把鎖。日後何麗說：「我們就是強佔那兩間房」。

有了足夠的空間，增義決定回中曹拿東西。唐家阿妞有辦法借到車和司機，可悲的是，他們至多只能載走塞滿衣服的皮箱，一些實用物品和大件家具都帶不走。最後增義決定，由最年長的堂兄一家接手他的家具。大家都不認為增義會長久待在中曹，都為他回北京感到高興。

何麗在增義從中曹帶回的針線盒裡發現一個裝鈕扣的信封，信封背面是他們外祖父佛斯先生的地址。他們決定寫信告訴佛斯先生，他們已經回到北京了。他們請鄰居熊先生代筆，以英文寫信。

那時熊太太的妹妹從美國來訪。文革期間，他們因為海外有親人而遭受打擊，但現在看來，海外關係又是一大好處。熊太太的妹妹希望把母親接去美國，但等不到官方批准，就得先離開中國。等到批准下來，老太太無法獨自旅行，於是決定由十七歲的小女兒螞蚱陪去美國。這對女孩來說當然是展開新生活的大好機會，只是官方文書作業拖沓，還無法確認行程。

「你們也該離開中國。」那時熊先生這麼告訴曹家兄妹。

熊先生代筆的信寄到桑普特，又被轉到佛斯先生的新住所。佛斯先生經常擔心，兩個外孫或許已經死了，這來信讓他欣喜若狂，立刻提筆回信。

離京

一九七六年九月九日下午三點，何麗上班時從單位廣播聽說——毛主席去世了。真是天大的好消息，何麗心想，終於擺脫他了。*

所有員工都被叫到食堂，要帶上領導人的肖像，還要用黑布蓋住以為弔唁，家家戶戶，每個單位，都得有此一舉。

「上頭希望我們哭。」何麗後來說，「這對我來說太容易了。我為毛澤東所作所為哭泣，為我父母的死哭泣。」

那時關於黨內權力更迭的謠言四起。之前被毛澤東指定為總理的華國鋒上台，但據稱背後是鄧小平在操縱。毛澤東過世沒有幾週，以江青為首的四人幫被捕，文化大革命終於結束。毛澤東沒有受到任何指責，對他的緬懷崇敬依舊，關於文革的一切混亂痛苦，都由四人幫承擔責任，他們被判決有罪，審判透過電視轉播。然而沒有大赦，也沒有道歉，只是國家將會重新考慮文革期間的迫害案件。

毛澤東去世兩年後，心理所通知增義，要將曹日昌骨灰安置北京西郊八寶山。** 於是增義返回中曹，從曹家祖墳起出曹日昌的骨灰盒，裝入一個飾以風景雕刻的新木箱。科學院在八寶山舉行儀式，曹日昌的門生故舊，乃至於他在劍橋的朋友，都一一受邀前來。唐家阿妞來了，熊家人也來了，色爾瑪的朋友魏璐詩一個人來（她的兒子已回美國隨父生活）。曾為曹日昌倒台出力的人也受邀前來，增義與何麗把他們都當作空氣。

科學院副院長秦力生致悼詞，將曹日昌夫妻遭受的不正待遇歸咎於四人幫。一張照片訴說當日真實：與曹日昌同遭迫害的同事站在最前面，臉上盡是歲月的慘酷悲傷。他們奉獻終身的工作全毀，科學院悼詞卻隻字不提，只說要「向前看」，要「繼續」前進。造反派聚集在後面。顯然科學院無意追究過往，無意懲罰造反派。

曹日昌安厝八寶山，但這不代表他獲得平反，這儀式對增義何麗的生活也沒有影響。他們的檔案紀錄不變，念書大概是不可能了，說不定要永遠這麼做工下去。相比之下，其

---

* 譯註：曹何麗女士說明，當天上午，單位宣布命所有人下午三時收聽廣播，雖然並未明言，大家都心中有數，知道是要正式宣布毛澤東死訊。

** 譯註：八寶山寺廟群是明代太監墓葬聚集處，共產黨上台後，以此為高級黨員埋骨所，稱八寶山革命公墓。

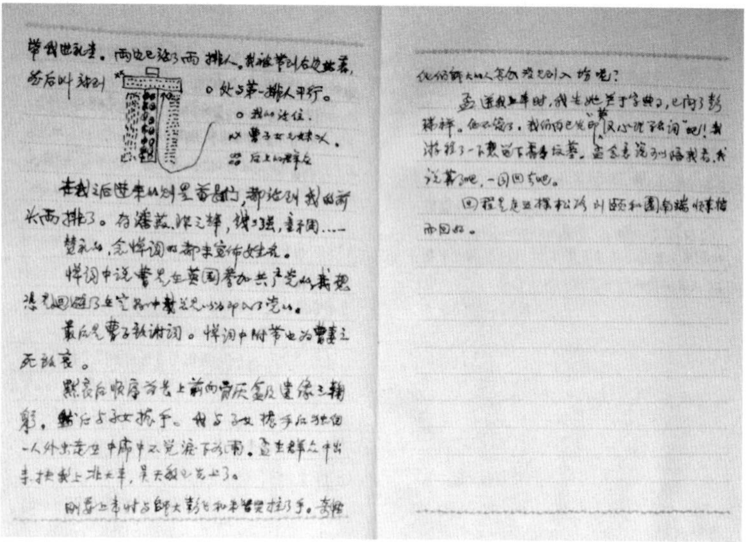

周先庚日記

周先庚是中國早期重要心理學家，也是曹日昌在清華的恩師。一九七八年六月十日，周先庚出席曹日昌安厝八寶山革命公墓儀式，曹日昌生前同事趙莉如事後回憶，說周先庚拄著拐杖前來，老淚縱橫，飲泣全程。圖為周先庚親筆日記，內中詳載當日來龍去脈，連眾人所站位置都一絲不苟畫出。

他人幸運得多：熊家螞蚱陪外祖母去了美國，艾爾蜜的大兒子取得芬蘭護照，滿懷熱情離開中國，去服芬蘭兵役。有一半法國血統的安妮克已取得法國籍，現在住在巴黎。離開中國之前，她答應增義與何麗從法國寫信給佛斯先生，告訴他兩兄妹在中國沒有前途，問他是否可邀請他們去荷蘭依親。增義與何麗不敢自己寫這樣的信，否則信件被截獲，他們一定會被指控對外抱怨中國。

這個請求讓佛斯先生大為震驚。他的老人公寓無法收容兩個年輕人，也不知如何能夠幫得上忙。他的三個兒子接手此事，主動與增義與何麗聯絡。他們說，歡迎兩兄妹來荷蘭，他們可以住在三兄弟家，直到自己站穩腳跟。

增義與何麗必需按照三個舅舅的說明備齊文件。首先他們得徵得工作單位的許可，科學院同意了。然後他們去公安局申辦護照。取得護照後，他們要向荷蘭大使館申請簽證，一個中國祕書拿了一大堆文件給他填寫。三天後，增義正在上班，突然接到通知，要他立刻趕往荷蘭大使館。這次是一名荷蘭職員接待他，說收到荷蘭拍來電報，他的外祖母柯莉過世了，外祖父健康每下愈況，使館承諾儘速處理簽證。

沒有簽證就不能訂機票，而中國民航員工告訴他們，經過莫斯科的班機都已取消，如今與歐洲唯一的交通方式是每週兩次飛往羅馬尼亞的航班，但多數座位都保留給代表團，若他們支付現金，倒是可以在六週後離開。此時又是他們父母儲蓄派上用場。

兩兄妹對於荷蘭生活已有清楚規劃：首先他們要學語言，之後還希望能繼續唸書，最後要找一份工作養活自己。

增義曾經交過一段時間女友，對方母親是半個德國人，父親是中國人，他們家在文革期間也蒙受極大苦難。她想去德國或美國，因為她在這兩地都有親人。至於她和增義的關係，那就要看未來計劃如何進展了。另一方面，何麗始終記得母親的教訓，小心翼翼不讓自己受到伴侶牽絆。

朋友們知道這兩兄妹將會留在荷蘭，因此都來道別。大頭也來了，這時他已經從大學畢業，和長春大學的同學宋彬彬結婚了。增義與何麗是在很久以後才聽聞文革期間宋彬彬雙手染血之事。

大頭告訴他們，他和宋彬彬也要離開中國，大頭自己有美國籍，宋彬彬的證件也快辦好了。大頭的阿姨從美國寄來美元，他慷慨給了增義與何麗各一張百元美鈔。

「給你們旅途上用。」他說，「你媽媽總是對我那麼好。」

柯莉死後，佛斯先生失去求生意志，三個兒子把他搬到離家較近的療養院，但老人始終沉溺於哀傷。他們告訴老人，兩個外孫就要到荷蘭了，但佛斯先生已經想不到那麼多。

增義與何麗離開中國當天和大頭在首都機場合影。

他開口要他的猶太祈禱書。他的三個兒子在沒有任何宗教信仰的情況下長大，不了解父親為何突然要回歸少年時代的信仰。後來他們意識到，當天他們應該為父親請來猶太拉比，只可惜那時沒想到。

佛斯先生過世了。同一天，增義與何麗登上飛機，離開北京。

離開中國那天，凌晨五點，藍山敲響增義的門。他從遠方騎單車來告別。他說，他們兄妹倆不在中國的時候，他會替他們照顧曹日昌的骨灰，會定期去八寶山祭奠。不久後大頭也到了。藍山和大頭陪增義與何麗坐上化學所的專車，前往機場。大頭在首都機場拍了幾張照片，當時在中國還無法沖洗照片，他到美國後才洗出來。

飛機降落在羅馬尼亞。增義與何麗搭公車前往布加勒斯特一家旅館，隔天搭機飛往阿姆斯特丹。數年農村歲月磨損他們的外語能力，如今溝通對他們來說很是困難。三個舅舅在阿姆斯特丹史基浦機場一眼認出身著東方服飾的這對兄妹。

起初一家人對面而立，都有些手足無措，但佛斯家三兄弟幾乎立刻在增義身上見到才去世的父親——不是那個陪伴他們長大的男人，而是家庭相簿裡年輕的麥克斯．佛斯，一九一五年，坐在鑽石切割師傅身旁那個年輕人。如今他們彷彿見到那年輕人從照片裡出來，以增義的型態走到他們面前。

最先開口的是何麗。她把英語和荷語混雜著講，這又讓佛斯家三兄弟大吃一驚——她說話的方式，還有她的聲音，竟然和色爾瑪一模一樣。

荷文版謝辭

二〇〇八年，我在北荷蘭省卡斯特里庫市（Castricum）演講，中場休息時遇到曹增義、曹何麗兄妹，聽他們談起母親色爾瑪於一九五〇年代隨夫婿前往中國的故事。隨後幾年裡，我對他們兩人有了愈來愈多認識。二〇一二年，他們讓我閱讀色爾瑪從中國寄往荷蘭的書信，這些信件和他們兩人的口述，構成這本書的骨幹基礎。我很感謝增義與何麗花許多時間與我對談，不厭其煩回答我以電話或郵件提出的數百個問題，這本書得以問世，要歸功於他們的說明和解釋。

佛斯家三兄弟 Siert van der Laan、Robert Vos 以及 Max Vos Jr. 協助我重建色爾瑪的童年生活，以及一九六六年她返荷探親期間經歷，並慷慨向我提供家庭檔案。Diana Lary 造訪荷蘭期間撥空與我見面，透過電話回答我許多問題，也是完成本書所不可少。Johan Jutten 慷慨允許我引用他書中段落。我感謝唐建平（阿妞）造訪阿姆斯特丹期間親切回答我許多問題。此外我也感謝 Marijke Groot-Kingma、Gien Klatser-Oedekerk、Albertien Jongmans、Andries

Minderhout、Ria Kraai、Roland van den Berg、Tonny Schröder、Yvonne Kunst-van ‘t Hoff、Jan van de Velde、Marijke Heshof。

我在中國見過幾名曹氏家族成員，並蒙他們在中曹盛情款待，尤其感謝曹五九。我感謝季楚卿、汪興安及趙莉如在北京接受我的訪問，並感謝李萍（Sally）熱情款待。我感謝住在雪梨的黃舒誼及住在美國明尼蘇達州的葉凱（Norman Yeh）透過電話接受我的訪問。此外給予我協助的有赫爾辛基的林白曦（Mikko Rautio），劍橋的 Les Culank 和 Victoria Woodword。在荷蘭，Bert van der Zwan 帶我穿過國家檔案館的迷宮，Justus van de Kamp 就意第緒語的使用給予建議。我感謝 Lambert van der Aalsvoort 對中國的理解，以及本書撰寫期間給予的建設性批評。我的手足 Jeroen、Emma 和 Arnout 的評論對我助益良多。感謝本書荷蘭文版編輯 Anita Roeland 細心編校。最後我要感謝我的出版商 Tilly Hermans，她閱讀過許多不同版本文稿，總是提供我有益的建議和鼓勵。

繫泊記憶：《色爾瑪》譯後

Nakao Eki Pacidal（那瓜）

二〇二三年春分前三週，我初次見到《色爾瑪》書中曹家兄妹。在那之前，我對他們的一切認識來自書中。文革開始時，增義何麗分別是十七歲和十六歲，文革後離開中國時是三十歲、二十九歲。但書裡書外有四十年時光差距，如今他們都已退休了。

那日天氣寒凍，北緯五十二度晴空如洗，陽光亮麗但溫度全無。他們開車來到我所居住的荷蘭鄉間，帶來鮮花和巧克力，滿面笑容，全然沒有我預想的肅穆沉鬱。我在有運河窗景的廚房招待他們，老友般圍坐餐桌喝咖啡，天南地北閒聊，數小時間屋內笑聲沒有斷過。

那天下午，我在風裡揮手送他們開車離去，心頭忽有感悟：他們依舊光明，不是因為往事已遠，而是因為他們有偉大的父母，給他們充滿愛與關懷的成長環境，支持他們走過成長過程中外人異樣眼光，和日後慘酷的文革煎熬。

初見過後，我經常想起《色爾瑪》書中段落。那一天，十九歲的增義聽聞母親過世，趕往心理研究所，被一群造反派包圍，紅衛兵叫囂指控色爾瑪是外國間諜，逼迫重病的曹日昌與亡妻「劃清界線」（頁二四九）。那時色爾瑪已經不在人世，曹日昌縱然附和紅衛兵兩句，也不可能再對她造成傷害，但作為丈夫、父親、心理學家，他冒著被辱罵折磨的危險，守住了這條界線。他比誰都清楚，此刻指控色爾瑪一言半語，等於奪去增義一輩子對人的信賴，而增義若是崩潰，何麗也難倖免。

在我們這個安逸環境，不字輕如鴻毛，在曹日昌那個當下卻是重於泰山。那天我見到曹家兄妹的笑容就是證明。

但《色爾瑪》一書不只在於講述曹家故事。後來增義告訴我，多年後他們詢問當年科學院宿舍鄰居，才發覺無人試圖記述這段歷史。為了不讓文革逐漸湮滅於後人記憶，他與何麗開始留意紀實作家，注意到卡羅琳．維瑟。曹家兄妹讀過她許多著作，聽過她多場演講，欣賞她文風洗鍊，更看重她誠實，手寫眼見耳聞，不讓個人情緒影響行文，也不媚俗討好任何價值或政權。卡羅琳遍讀資料與書信，訪問散居世界各地許多人，更多次造訪中國，耗時四年寫成《色爾瑪》，在荷蘭大獲好評，二〇一七年更贏得「利布里斯歷史獎」（Libris Geschiedenis Prijs），只可惜沒能觸及更廣大的讀者群，更可惜的是這本書始終未能在中文世界出版。

《色爾瑪》得獎後三年，我的朋友（也是卡羅琳老友）Lambert van der Aalsvoort 請我代為詢問此書在台灣出版的可能。在《上下游》副刊總編輯古碧玲引介下，大塊出版社認為此書在當前市場未見得討好，但考慮到主題與視角的稀缺性，還是決定出版，這對參與其間的所有人來說都是大好消息。

《色爾瑪》在兩個方面與一般翻譯書不同。首先是作者卡羅琳基於一種使命感，極力促成中譯本出版，甚至願意承擔翻譯稿費，主動降低出版成本。其次由於書中所述是文革前後的中國，回歸到中文語境，有大量字詞必須核實，在曹家兄妹協助下，中譯本甚至比荷文原本更細膩詳實。我告訴卡羅琳，基於上述原因，中譯本恐怕與荷文原本有相當出入，不知她意見如何。她的回覆非常簡單：我信賴你們，請按照增義何麗的意思修改。

就這樣，我以卡羅琳所提供，較荷文本精簡的英譯本（未出版）為翻譯基底，荷文本為輔助，曹家兄妹一字一句推敲譯文，從家裡爐灶結構、北京街頭巷尾，到曹家莊打井、內蒙收穫莜麥等下鄉期間種種，無一不詳盡解釋，協助我找到貼切用語，並為呈現當時當地的現實感，在兩岸用語間多所權衡，花了一個半月完成最後修訂。與我翻譯的其他書籍相比，《色爾瑪》的文字或許不算困難，但尋找並掌握平實文字背後的歷史、文化、人情、期待與失落，卻是我作為譯者少有的體驗。

此外值得一提書中所附影像。荷文原本只有數十幀照片，中譯本則加上信件、書籍、剪報等，是這些重要史料首次以影像見於出版品。這些文件現在妥善收藏於增義家中，是卡羅琳寫作的基底，於我則是文字翻譯之外的又一震撼。

不過，最大的震撼不在眼睛所能見，而來自於一段闕漏——增義闖入心理所，確認母親亡故，眼見父親受迫，之後呢？我向增義提問，他告訴我，沒有之後了。文革過後，曹日昌儘管沒有正式獲得平反，畢竟遷葬八寶山，色爾瑪卻連骨灰也沒有留下，心理所至今無所表示，彷彿此人不曾存在。於是我們決定在影像中納入阿姆斯特丹猶太被害人紀念牆上色爾瑪母親那一磚（頁三十一）。這是一個令人難受的對比，但訴說無比真實。有的悲劇被銘刻記憶，有的悲劇化為塵土與輕煙。生命中確實是輕最難承受。

這本書就在於捕捉那輕，試圖繫泊記憶，提醒讀者莫忘文革。忘卻的話，遲早有一天，曾經發生在色爾瑪一家的悲劇，會換個面貌重現於我們之間。